Miriam »Tesla« Kaniß

Mit Clip Studio Paint digital zeichnen, malen und kolorieren

Das Praxisbuch für Illustration, Comic und Manga

mitp

Bibliografische Information der Deutschen Nationalbibliothek
Die Deutsche Nationalbibliothek verzeichnet diese Publikation in der Deutschen Nationalbiblio-
grafie; detaillierte bibliografische Daten sind im Internet über <http://dnb.d-nb.de> abrufbar.

Bei der Herstellung des Werkes haben wir uns zukunftsbewusst für umweltverträgliche und
wiederverwertbare Materialien entschieden.
Der Inhalt ist auf elementar chlorfreiem Papier gedruckt.

ISBN 978-3-7475-0245-7
1. Auflage 2021

www.mitp.de
E-Mail: mitp-verlag@sigloch.de
Telefon: +49 7953 / 7189 - 079
Telefax: +49 7953 / 7189 - 082

Lektorat: Janina Bahlmann
Sprachkorrektorat: Petra Heubach-Erdmann
Coverbild: Miriam Kaniß
Covergestaltung: Christian Kalkert
Satz: Petra Kleinwegen
Druck: Plump Druck & Medien GmbH, Rheinbreitbach

Inhalt

Illustration 111

Comic 165

Druckvorbereitung und Veröffentlichung 195

Anhang 1: Shortcuts 205

Anhang 2: Video-Tutorials 209

Stichwortverzeichnis 211

Einleitung

Willkommen in der vielseitigen Welt
von Clip Studio Paint

Dieses Buch ist in zwei große Themengebiete unterteilt:

1. Technische Grundlagen

In den Kapiteln 1-5 findest du alles von der Installation über die Ersteinrichtung bis hin zum Individualisieren deiner Arbeitsflächen. Außerdem zeige ich dir die grundlegenden Funktionen und wie du sie anwendest.

2. Illustration, Comics & Manga

In Kapitel 6 findest du alles, was du brauchst, um deine eigenen Bildideen umzusetzen und digital zu zeichnen. Außerdem erhältst du nützliche Tipps und Tricks, um den Arbeitsprozess zu erleichtern und zu beschleunigen.

Kapitel 7 dreht sich um alles, was du schon immer über das Zeichnen von Bildergeschichten wissen wolltest. Zusätzlich findest du hier ein paar Ideen, wie du einfacher an dein Ziel kommst, ohne deinen individuellen Zeichenstil zu verlieren.

Außerdem gibt es noch ein Zusatzkapitel, das dir hilft, deine Werke für den Druck vorzubereiten, damit dich am Ende keine bösen Überraschungen erwarten.

Ich empfehle dir – für welches Thema du dich auch zuerst interessierst –, blättere das Buch erst einmal von vorne bis hinten durch. So bekommst du den schnellsten Überblick über alle Möglichkeiten des Programms.

Comics, Manga und Webtoons liegen gerade wieder voll im Trend. Viele Programme kämpfen dabei um die Gunst der Anwender. Doch keines ist meiner Meinung nach so perfekt auf Comic- und Manga-Zeichner abgestimmt wie Clip Studio Paint.

Aber wer bin ich eigentlich und wie komme ich zu dieser Meinung?

Über die Künstlerin

8

Ihr findet mich auch auf:

Instagram: *Teslasartwork*

YouTube: *Teslas Artist Tipps*

Patreon: *Teslasartwork*

Material zum Buch

Im Anhang 2 findest du eine Sammlung von QR-Codes. Diese führen dich zu kurzen Videos, in denen ich dir wichtige Funktionen, die sich schriftlich nicht so gut darstellen lassen, noch einmal genauer zeige.

1

Ein erster Blick in das Programm

Wie in jedem Grafikprogramm ist ein gutes Zusammenspiel von Hardware und Software eine Grundvoraussetzung für kreatives Arbeiten und einen guten Workflow.

1.1 Über Clip Studio Paint

Clip Studio Paint ist als Programm seit 2001 auf dem Markt. Vorerst nur unter dem Namen Comic Studio für den japanischen Markt gedacht, erfreute es sich schnell wachsender Beliebtheit, sodass es 2007 von einem amerikanischen Label für den weltweiten Einsatz in englische Sprache übersetzt und bis 2017 unter dem Namen Manga Studio oder Clip Studio Paint vertrieben wurde. Nach der Übersetzung in die deutsche Sprache erfreut es sich inzwischen nicht nur bei professionellen Manga- und Comic-Zeichnern wachsender Beliebtheit.

Bei mir hat Clip Studio Paint die Programme Photoshop und Co. in vielen Bereichen abgelöst. Das Programm ist kompakt und bietet alles, was der Comiczeichner braucht, um einen Comic/Manga von der Planung zur Veröffentlichung zu bringen.

Systemanforderungen

Clip Studio Paint ist eines der vielseitigsten Zeichenprogramme, die derzeit auf dem Markt sind. Es ist neben macOS, iOS und Windows seit September 2020 auch mit Android-basierenden Betriebssystemen kompatibel und damit mit den meisten stationären und mobilen Endgeräten verwendbar.

Mac und PC

Betriebssystem:

- Microsoft Windows 8.1 (32 Bit / 64 Bit), Windows 10 (32 Bit / 64 Bit)
- Chrome OS (ab Android 9)
- macOS 10 und 11 (Intel), macOS 11 (Apple M1)

Weitere Systemvoraussetzungen:

- Mindestens 2 GB Arbeitsspeicher, 8 GB werden empfohlen.
- Das Programm belegt 3 GB Festplattenspeicher.

Tablets

Hier musst du aufpassen. Aktuell wird Clip Studio Paint nur für Windows-Tablets, Apple iPad und iPhone und die Samsung-Galaxy-Reihe angeboten (ab Android 9).

Clip Studio Paint auf mehreren Geräten

Für macOS und Windows kommt Clip Studio Paint mit zwei Lizenzen für deine Geräte. Ich benutze sie beispielsweise für meinen festen PC und mein Surface.

Wenn du ein Tablet benutzt, das mit Android, Wintab oder iOS als Betriebssystem arbeitet, gibt es Clip Studio Paint in einer Monatsabovariante, die in Verbindung mit der Festlizenz preiswerter wird. Hier empfehle ich dir, vor dem Kauf des Programms die Herstellerseite zu lesen:

https://www.clipstudio.net/de/

In der folgenden Tabelle findest du die wichtigsten Unterschiede der beiden Programmversionen im Vergleich. Die Pro-Version ist dabei um ein Vielfaches günstiger als die EX-Version, hat dafür aber auch gravierende Einschränkungen im Funktionsumfang.

Grundfunktion	Pro	EX
Zeichnen einer Illustration oder eines einseitigen Mangas/Comics	Ja	Ja
Verwalten einer mehrseitigen Datei (Stapelverarbeitung)	Nein	Ja
Zeichnen im Vektorformat	Ja	Ja
Anpassen der Tools	Ja	Ja
Bewegte Illustration und Animation	Ja (eingeschränkt)	Ja
LT-Konvertierung von 3D- und 2D-Daten	Nein	Ja
Drucken und Exportieren eines mehrseitigen Buches	Nein	Ja
Umfang der enthaltenen Raster und Materialien	Ja	Ja

Wenn du niemals einen Manga/Comic zeichnen willst, wirst du die Stapelverarbeitung der EX-Version nicht brauchen und dann empfehle ich dir die Pro-Version.

Solltest du auch nur den Hauch eines Gedankens daran verschwenden, doch einmal Geschichten mit deinen Bildern zu erzählen, empfehle ich dir wirklich die EX-Version.

Alle Versionen kannst du 30 Tage kostenlos testen. Natürlich sind nicht alle Materialien und Funktionen im vollen Umfang verfügbar. Um ein Gefühl für das Handling im Programm selber zu bekommen, reicht es aber allemal aus.

Tipp

Lizenzen für CSP Pro/EX gibt es als Einzelkaufoption nur für Windows und macOS. Für iPad und iPhone wird nur ein monatlicher Nutzungsplan angeboten. Wenn dir die Einzelkauflizenz von EX zu teuer ist, warte ein bisschen, Clip Studio Paint machen alle paar Monate eine Rabattaktion bei der Rabatte von bis zu 50% drin sind.

1.2 Installation

Jetzt geht's los mit dem Installationsprozess.

Starte deinen Rechner und gehe sicher, dass dein Grafiktablett angeschlossen und mit aktuellen Treibern ausgestattet ist. Lade das Programm unter *www.clipstudio.net/de/* herunter und folge dem Installationsprozess.

Wenn dir bereits ein Lizenzschlüssel vorliegt, gib ihn an der geforderten Stelle ein.

▲ Der Startbildschirm von Clip Studio Paint

Wenn du die Testversion hast, überspringe diesen Punkt, indem du auf Jetzt nicht klickst.

Gegen Ende des Installationsvorgangs wird dir zusätzliches Material wie Rasterfolie, Hintergründe und 3D-Material angeboten. Dieses Material ist in einer zusätzlichen Datenbank, aber dennoch kostenlos. Nutze das Angebot, es schadet nicht und du bekommst viele tolle Zusatzmaterialien. Du musst dich dazu auch nicht registrieren, wie es zum Download von Material aus Clip Studio Assets nötig ist.

Wenn der Installationsprozess abgeschlossen ist, öffnet sich automatisch der Startbildschirm.

Hier findest du immer die neuesten Infos aus der Clip-Studio-Paint-Community und vom Hersteller.

Wenn es neue Updates, Wettbewerbe oder auch Aktionen gibt, erfährst du es direkt hier. Ein Blick in den News Feed lohnt sich hier auf jeden Fall.

Die Reiter unter dem Punkt Service helfen weiter, wenn du zum Beispiel spezielle Materialien in Clip Studio Assets suchst oder dir Materialien mit der Community über Clip Studio Share teilen willst.

1.3 Wegweiser – so findest du dich zurecht

Um in das Programm Paint zu kommen, klicke nun auf dem Button Paint.

Als Nächstes öffnet sich ein neues Fenster mit der Hauptarbeitsfläche und dein Startfenster verschwindet in den Hintergrund.

Wenn es dich stört, kannst du es schließen. Ich lasse es jedoch immer offen, denn man weiß nie, wann man mal nach zusätzlichen Materialien suchen muss.

Das Programm startet standardmäßig mit einer geöffneten Illustrationsdatei im Format einer DIN-A4-Seite. Du erkennst es am Reiter im Hauptfenster Illustration.

Seite einrichten

Um eine neue Illustrationsdatei anzulegen und die Einstellungen zu konfigurieren, klicke auf Datei|Neu und es öffnet sich dieses Dialogfenster.

Hier kannst du deine Leinwand deinen Bedürfnissen anpassen. Wenn du mit Farben arbeiten möchtest, solltest du darauf achten, dass Allgemeine Ausdrucksfarbe auf Farbe gestellt ist und die Bilder, die du später ausdrucken möchtest, nie eine niedrigere Auflösung als 300 dpi (dots per inch) haben. Mehr zum Thema Auflösung erfährst du in Abschnitt 8.2 »Auflösung«.

▲ Programm mit Illustrationsseite auf dem IPad – Danke an Mandelbrot Illustration

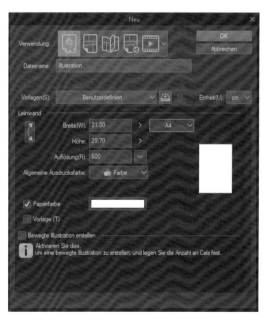

▲ Dialog zum Einrichten der Illustrationsdatei

Das Hauptfenster

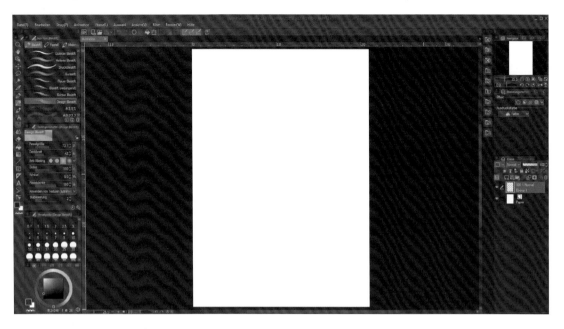

Die Hauptansicht des Programms unterteilt sich in verschiedene Befehlsleisten und Materialsammlungen, die ich dir in diesem Kapitel alle näherbringen möchte.

In der Mitte des Bildschirms befindet sich der *Arbeitsbereich*, auch *Leinwand* oder *Seite* genannt, auf dem du zeichnen und animieren kannst.

Auf der linken Seite findest du die Toolbar mit den Schnellzugriffen auf Pinsel, Stempel, Radierer und allen Sub-Tools, die man sonst noch so braucht. Näheres dazu findest du in Kapitel 5 »Werkzeuge«.

Hinweis

Solltest du in deiner Grundeinstellung eines der von mir benannten Fenster nicht sehen, kannst du im Menüpunkt Fenster bei dem entsprechenden Feld einen Haken setzen und deine Leiste erscheint. Danach kannst du sie beliebig verschieben.

◄ **Materiallisten:** Auf der rechten Seite findest du zwischen der Navigation und deiner Arbeitsfläche die Materiallisten. Hier gibt es eine riesige Auswahl an nützlichen, lustigen und manchmal auch skurrilen Materialien, die du für deine Bilder und Comics/Manga verwenden kannst. Mehr zu den Materialien erfährst du noch in diesem Kapitel.

▼ Ebeneneigenschaften:
Zwischen dem Ebenen-Fenster und der Navigation findest du noch die Ebeneneigenschaften, in denen du Einstellungen treffen kannst, um den gesamten Inhalt einer Ebene zu verändern. Hier kannst du das Erscheinungsbild einzelner Ebenen anpassen wie die Wiedergabe als Raster.

▼ **Navigator und Ebenen:** Neben den Materiallisten befindet sich der *Navigator* und darunter der Bereich für die Ebenen und Ebenen-Eigenschaften. Wenn du dazu mehr Wissen möchtest, kannst du im Kapitel 4 »Ebenen« weiterlesen.

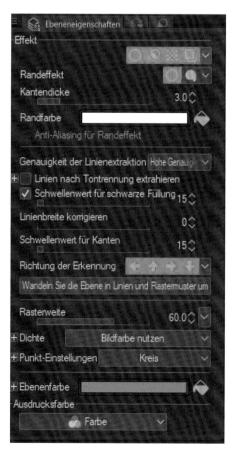

Benutzeroberfläche personalisieren
Den Aufbau kannst du auch einfach ändern und für deine Bedürfnisse anpassen. Das kann beispielsweise auf Tablets notwendig werden, wenn die Arbeitsfläche doch recht begrenzt ist. Klicke dafür einfach auf eine funktionsfreie Fläche in dem gewünschten Menü oder Fenster und löse es per Drag&Drop von seiner Position. Schiebe es danach an die gewünschte Stelle. Wenn ein roter Balken erscheint, kannst du es loslassen und an einer anderen Stelle wieder andocken. Ich habe hier auch mein Farbrad im unteren Bereich der Toolbar angedockt. Mehr zum Farbrad erfährst du in Kapitel 2 »Farben«.

Die Befehlsleiste

Direkt unter dem Hauptmenü findest du die Befehlsleiste für Schnellzugriffe.

 Clip Studio öffnen

Mit einem Klick auf diesen Button kannst du immer wieder das Clip-Studio-Hauptmenü öffnen.

 Neu

Hinter diesem Button versteckt sich ein Schnellzugriff auf das Untermenü für ein neues Dokument. Wie bereits im Abschnitt »Installation« beschrieben, kannst du hier ein neues Dokument einrichten. Welche Einstellungen für Illustration oder Comic/Manga im Speziellen gut geeignet sind, erfährst du in den Abschnitten 6.1 »Dokumente für Illustrationen einrichten« und 7.1 »Dokumente für Comics einrichten«.

 Öffnen

Wenn du bereits eine Datei erstellt hast und diese weiterbearbeiten möchtest, kannst du sie mit einem Klick auf diesen Button im Schnellzugriff öffnen.

 Speichern

Clip Studio Paint gibt dir verschiedene Möglichkeiten, schnell zu speichern. Eine davon ist der Klick auf diesen Button. Der Pfeil daneben gibt dir noch die Möglichkeit, Speichern und Schließen auszuwählen. Besonders, wenn du an einem Tablet arbeitest, ist das sehr praktisch.

 Zurück

Das Schöne am digitalen Zeichnen ist, dass man ganz einfach einen Schritt zurückgehen und den vorhergehenden Arbeitsschritt wieder rückgängig machen kann.

 Vorwärts

Bist du mit deinem vorherigen zurückgenommenen Arbeitsschritt doch zufrieden gewesen, musst du keineswegs alles noch einmal zeichnen, sondern kannst den ursprünglichen Arbeitsstand mit einem Klick auf den Button Vorwärts wiederherstellen.

 Löschen

Mithilfe dieser Schaltfläche kann eine Ebene geleert werden. Das bedeutet, dass deine aktuelle Ebene erhalten bleibt, der Inhalt, also beispielsweise deine Zeichnung auf dieser Ebene, jedoch gelöscht wird. Mehr über Ebenen und ihre Anwendung erfährst du in Kapitel 4 »Ebenen«.

 Außerhalb von Auswahl löschen

Mit Clip Studio Paint kannst du verschiedene Bereiche deiner Leinwand auswählen. Wähle den Bereich deiner Arbeitsfläche, den du behalten möchtest, mit der Maus aus und klicke auf diesen Button. Alle Bildinhalte außerhalb deiner Auswahl werden dadurch gelöscht. Die Inhalte innerhalb deiner Auswahl bleiben dabei für dich zur Weiterbearbeitung erhalten.

Fläche füllen

Klickst du auf diese Schaltfläche, kannst du die gesamte aktuelle Ebene mit einer Farbe einfärben.

 Skalieren/Drehen

Nach einem Klick auf diesen Button kannst du alle Inhalte auf einer Ebene mit der Maus größer oder kleiner skalieren und sie um ihre Achse drehen.

 Auswahl aufheben

Hast du einen Bereich deiner Arbeitsfläche ausgewählt und brauchst diese Auswahl nicht mehr, klickst du einfach auf diesen Button. Danach kannst du wieder die ganze Fläche bearbeiten.

 Auswahl umkehren

Möchtest du einen Bereich auswählen, der nicht bearbeitet werden soll, nutzt du ganz normal dein Auswahlwerkzeug, wie in Abschnitt 5.2 »Markieren und Bewegen« beschrieben, und klickst danach auf die Schaltfläche Auswahl umkehren. Jetzt kannst du alles bearbeiten, was außerhalb deiner gewählten Fläche liegt. Alles innerhalb deiner Auswahl bleibt davon unberührt.

 Rand von ausgewählter Fläche anzeigen

Wenn du eine Fläche auswählst, wird diese für gewöhnlich mit einer sich bewegenden, punktierten Linie dargestellt. Mit einem Klick auf diese Schaltfläche kannst du diese Anzeige aus- und wieder einblenden. Deine Auswahl bleibt davon unbeeinflusst.

 Lineal ausrichten

Dieser Button ist wie die beiden folgenden nur in Verbindung mit dem Linealwerkzeug aktiv. Sind diese Symbole blau unterlegt, heißt das, die Funktion ist aktiv und die Linien, die du ziehst, richten sich an deinem Lineal aus. Möchtest du wieder frei zeichnen, klicke erneut auf den Button und die Magnetwirkung der Lineale ist beendet. Dieser Button wirkt sich nicht auf die Lineale aus, die unter Spezial-Lineale aufgeführt werden.

 Spezial-Lineal ausrichten

Diese Schaltfläche arbeitet genauso wie die Lineal ausrichten-Schaltfläche. Sie nimmt dabei Bezug auf Spezial-Lineale. Mehr zu Linealen und ihren Einsatzmöglichkeiten findest du in Abschnitt 5.8 »Lineale und Perspektiv-Hilfsmittel«.

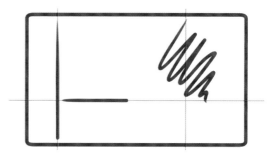

▲ Links: Zeichnen mit aktiver Linealfunktion, rechts: ohne aktive Linealfunktion

 An Gitternetz ausrichten

Das Gitternetz kann ein nützliches Hilfsmittel im Umgang in Bezug auf die Perspektive sein. Wenn diese Schaltfläche ausgewählt ist, verhalten sich die Linien wie bei den Linealen. Das Gitternetz umspannt dabei jedoch die gesamte Arbeitsfläche, während die Lineale auch nur partiell, also auf Teile der Ebenen, eingesetzt werden können.

Die Materialleiste

Clip Studio kommt von Haus aus mit viel Zusatzmaterial, wie Raster, Hintergründe oder 3D-Material, das du frei nutzen kannst. Hierfür gibt es eine eigene Materialsammlung, die du auf der rechten Seite deines Arbeitsbereichs zwischen Leinwand und Navigation findest.

In den vorgefertigten Ordnern findest du als Erstes den Quick Access, der dir einen schnellen Zugriff auf die wichtigsten übergeordneten Funktionen wie Kopieren, Ausschneiden und Löschen gibt. Wenn du dir keine Tastenkombinationen merken willst, ist das eine schnelle Alternative. Zusätzlich ist der Quick Access Gold wert, wenn du am Tablet arbeitest.

▲ Quick Access

Unter dem Quick Access findest du einen Schnellzugriff auf die wichtigsten Bildinhalte und Ordner, die du mit einem Klick auf eine der unteren Schaltflächen individualisieren kannst. Hier sind Schnellzugänge in Raster, Hintergründe und 3D-Objekte hinterlegt.

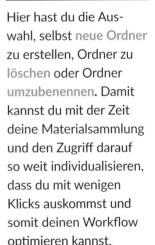

Hier hast du die Auswahl, selbst neue Ordner zu erstellen, Ordner zu löschen oder Ordner umzubenennen. Damit kannst du mit der Zeit deine Materialsammlung und den Zugriff darauf so weit individualisieren, dass du mit wenigen Klicks auskommst und somit deinen Workflow optimieren kannst.

Posenmaterial

Die 3D-Posenmodelle sind ein nettes Feature, das besonders bei komplizierten Posen und Perspektiven helfen kann. Clip Studio kommt mit einem vorgefertigten männlichen und weiblichen Körpermodell.

▼ Posenmaterial in der Materialleiste

Die vorgegebenen Modelle findest du im Ordner Body types.

Es gibt für die Standard-Modelle auch bereits vorgefertigte Posen, die du in jede gewünschte Perspektive ziehen kannst.

Um die Vorlagen zu verwenden, kannst du sie einfach via Drag&Drop in deine Arbeitsfläche ziehen und dort weiterbearbeiten.

Du solltest hier immer darauf achten, die neuesten Updates des Programms auf deinem Rechner zu haben, denn besonders in diesem Bereich kommt oft neues Material.

Zur Modellage und weiteren Einstellungen schau in den Abschnitt »Anwendung von 3D-Modellen verwenden« in Kapitel 6 »Illustration«.

Wichtig

Natürlich kannst du auch in der Community immer nach neuen Materialien suchen. Viele von den Materialien sind kostenlos. Andere musst du für die In-Programm-Währung Clippy/Gold kaufen. Achte aber auf jeden Fall beim Download des Materials, für welche Verwendungszwecke der Anbieter diese herausgibt. Einige sind ausschließlich für die Non-Commercial-Nutzung ausgeschrieben. Außerdem brauchst du einen eigenen Nutzer-Account, um auf die Community-Inhalte zugreifen zu können.

3Dデッサン人形-Ver.2（男性）

3Dデッサン人形-Ver.2（女性）

Weitere Materialien

◄ Rastermaterial

In den verschiedenen anderen Ordnern findest du die vorinstallierten und frei nutzbaren Materialien wie hier zum Beispiel für Raster. Neben den klassischen Punkt- und Linienrastern gibt es außerdem verschiedene Arten von Noise-Rastern, die du für deine Bilder und Manga einsetzen kannst. Alle Raster sind monochrom (also schwarz-weiß), sodass sie saubere Kanten ergeben, wenn du sie drucken lässt. Lies zu diesem Thema auch Kapitel 8 »Druckvorbereitung«, um das bestmögliche Ergebnis zu erzielen.

◄ Manga-Material

Für Manga/Comic-Neulinge gibt es diesen praktischen Ordner mit fertigen Panel-vorlagen, die du nach dem Einpassen mit Drag&Drop auch noch ganz nach deinen Bedürfnissen anpassen kannst.

Lies für weitere Informationen dazu in Abschnitt 7.2 »Panels« nach, in dem ich noch einmal genau auf das spannende Thema Einsatz von Panels eingehe.

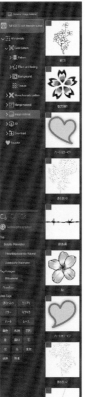

◄ Bildmaterial

In diesem Ordner lagern alle Einzelbilder, die für Stempel oder Pinsel als Vorlagen gebraucht werden. Du kannst diese aber genauso gut als einzelne Bildelemente benutzen, indem du sie via Drag&Drop in deine Arbeitsfläche ziehst. Auch Bildmaterial, das sich noch in der Cloud befindet, lässt sich nach einem kurzen Downloadprozess so nutzen.

Hallway 01_daytime

◄ Hintergründe

Clip Studio Paint bietet dir eine kleine Auswahl an gezeichneten und gemalten Hintergründen sowie ein paar Fotohintergründe, die du sowohl farbig als auch monochrom vorfindest und weiterbearbeiten kannst.

Über die Ebeneneinstellungen, die standardmäßig unter der Navigation zu finden sind, kannst du die farbigen Vorlagen auch zu Graustufen, Verlaufsumsetzungen oder monochromen Darstellungen umwandeln.

Navigation

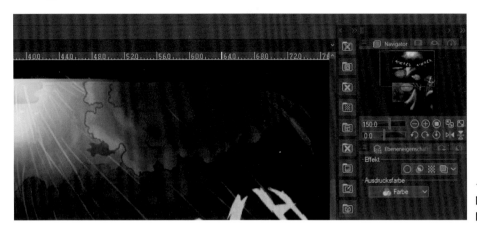

◀ Position des Navigators im Hauptfenster

Der Navigator sitzt rechts neben deiner Arbeitsfläche. Sollte er bei dir nicht automatisch angezeigt werden, kannst du ihn über den Reiter Fenster im Drop-down-Menü finden und ihn dort mit einem Klick auf Navigator aktivieren.

Natürlich kannst du ihn auch von der Menüleiste auf der rechten Seite lösen und mit der Maus verschieben. Die Anordnung ist frei wählbar. Wenn du jedoch vorher schon mit anderen Grafikprogrammen gearbeitet hast, ist dir die vorgegebene Anordnung sicher vertraut und angenehm.

Wichtig

Alle Funktionen, die ich dir im Folgenden zeige, ändern nur die Ansicht deines Bildes, jedoch nicht den Bildinhalt selbst. Dieser bleibt von Veränderungen wie Spiegel und Ähnlichem völlig unberührt.

Der Bildausschnitt

Der rote Rahmen zeigt den Bildausschnitt, in dem du dich gerade in deiner Arbeitsfläche bewegst. Je kleiner der Rahmen im Navigator, desto weiter bist du in die Details deines Bildes gezoomt.

Der Zoom-Regler

Der Zoom-Regler steht beim Öffnen eines neuen Dokuments immer so, dass du die gesamte Arbeitsfläche siehst. Die Zahl im Kästchen gibt die Ansicht in Prozent an. Steht dort eine 100, siehst du die tatsächliche Größe deines Bildes.

▲ Das ist die Gesamtansicht deines Navigators.

Schrittweise Zoomen

Plus und Minus hinter dem Zoom-Regler sorgen dafür, dass du in festgelegten Schritten ein- bzw. auszoomen kannst.

 100 Prozent

Mit einem Klick auf den Button 100 Prozent setzt du die Ansicht des Bildes wieder auf seine Originalgröße zurück.

 Dreh-Regler

Der Balken unter dem Zoom-Regler ist der Dreh-Regler. Dieser bestimmt die Rotation deines Bildes und gibt diese in Grad an. Bei 0 Grad ist dein Bild in der Grundposition zu dir ausgerichtet. Bewegst du den Schieberegler nach rechts oder links, kannst du die Ansicht dieser Arbeitsfläche kippen, als würdest du beim Zeichnen das Blatt drehen.

 Schrittweise Drehen

Auch hinter dem Dreh-Regler befinden sich zwei Buttons, mit denen du dein Bild in festgelegten Schritten rotieren kannst (hier jeweils um 5 Grad).

 Drehen zurücksetzen

Klicke auf Drehen zurücksetzen, um dein Bild wieder in seine gerade Ausgangslage zu versetzen.

 An Navigator anpassen

Mit einem Klick auf An Navigator anpassen kannst du die Ansicht deiner Arbeitsfläche so anpassen, dass sie vollständig im Navigator angezeigt wird. Besonders bei großen Banner-Bildern kann das manchmal sehr nützlich sein, um den Überblick nicht zu verlieren.

 An Bildschirm anpassen

Bei diesem Button passt sich nicht die Arbeitsfläche an den Navigator an, sondern die Arbeitsfläche wird damit zu 100% auf deinem Monitor wiedergegeben, unabhängig von der tatsächlichen Auflösung dieses Bildes.

 Horizontal Spiegeln

Mit dieser Funktion kannst du die Ansicht deines Bildes horizontal spiegeln. Bitte denke daran, dass du nur die Ansicht änderst und nicht die Arbeitsfläche selbst. Das ist eine sehr praktische Funktion, besonders wenn man schauen möchte, ob Gesichter symmetrisch oder Bildkompositionen harmonisch sind.

Mehr zu Bildkomposition findest du in Kapitel 6 »Illustration«.

 Vertikal Spiegeln

Willst du dein Bild vertikal spiegeln, kannst du diese Schaltfläche anklicken und deine Ansicht stellt dein Bild sprichwörtlich auf den Kopf. Auch das ist eine praktische Kontrollfunktion, solltest du dir mal beim Bildaufbau oder der Farbverteilung unsicher sein.

1.4 Import und Export von Dateien

Dateien können in Clip Studio Paint im- und exportiert werden. Somit ist es ganz einfach, Bilder aus anderen Programmen in Clip Studio Paint weiterzubearbeiten oder deine Bilder mit Freunden zu teilen. Außerdem können einige Dateitypen von anderen Programmen wie Adobe Photoshop oder seit Neuestem auch Illustrator erkannt und weiterverarbeitet werden. Somit wird Clip Studio Paint auch immer mehr zur Schnittstelle verschiedener Programme. Selbst 3D-Material kann exportiert werden und schafft so eine breite Basis für die weitere Bearbeitung.

Der einfachste Weg, Dateien zu importieren, führt über den Reiter Datei. Im Drop-down-Menü musst du die Schaltfläche Importieren auszuwählen und dort das passende Dateiformat suchen. Die gängigsten Formate, die in Clip Studio Paint verarbeitet werden, sind:

- JPG (Pixelgrafik)
- CLIP (Projektformat von Clip Studio Paint)
- TIFF (Dateiformat für den Druck)
- PSD (Projektformat von Photoshop)

▼ Das Import-Menü

Der Import funktioniert nur, wenn du zuvor ein Dokument geöffnet hast. Lege dafür entweder ein neues Dokument an oder öffne ein Dokument, an dem du weiterarbeiten möchtest.

Noch einfacher als über das Datei-Menü geht der Import von Dateien via Drag&Drop. Ziehe einfach eine Datei, die das Programm verarbeiten kann, in die Arbeitsfläche. Damit

öffnet sich ein neues Fenster, in dem du die Datei bearbeiten kannst.

Solltest du die Datei in ein bereits vorhandenes Dokument integrieren wollen, darfst du es beim Reinziehen nicht auf der Arbeitsfläche loslassen, sondern musst es bis zum Ebenen-Fenster ziehen. Erscheint ein roter Balken zwischen den Ebenen, kannst du deine Datei droppen.

So wird die Datei nicht als eigenständiges Dokument in Clip Studio Paint geöffnet, sondern als neue Ebene in dein bestehendes Projekt eingefügt.

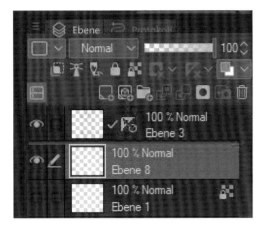

Vektorgrafiken

Seit Version 1.10.1 hat Clip Studio Paint auch die Möglichkeit, Dateien im SVG-Format zu lesen und zu verarbeiten. SVG-Dateien, die mit einer Vektorbearbeitungssoftware wie z.B. Adobe Illustrator erstellt wurden, können als Vektorebene in Clip Studio Paint importiert werden.

Außerdem kannst du aus Clip Studio Paint exportierte SVG-Dateien mit Vektorebenen in einer Vektorbearbeitungssoftware wie Illustrator weiterbearbeiten.

Mehr Infos zur Nutzung von Vektorebenen und Vektordateien findest du in Abschnitt 7.3 »Monochrom versus Graustufen«.

SVG (Scalable Vector Graphics) ist ein Bildformat für zweidimensionale Vektordaten. Das Besondere an Vektorgrafiken ist, dass die Bildqualität trotz Skalieren nicht beeinträchtigt wird.

▲ Lineart »Die Sonne« bestehend aus Vektoren

2

Farben, Farbrad und Farbregler

Wie in allen gängigen Grafikprogrammen wird auch in Clip Studio Paint die Farbe über das sogenannte Farbrad ausgewählt. Neben dem Farbrad gibt es aber auch noch diverse Farbmodi und Paletten, mit denen du arbeiten kannst. Diese haben unterschiedliche Auswirkungen auf deine Bilder und können so die Stimmung einer ganzen Illustration beeinflussen. Ich möchte sie dir im Folgenden vorstellen, damit du weißt, was hinter den einzelnen Funktionen steckt und wie du sie anwendest.

2.1 Farbrad

Betrachten wir zunächst das Farbrad und seine Erscheinungsformen.

Wenn du Clip Studio zum ersten Mal öffnest, wird das Farbrad in dieser Art dargestellt.

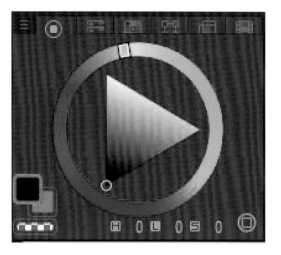

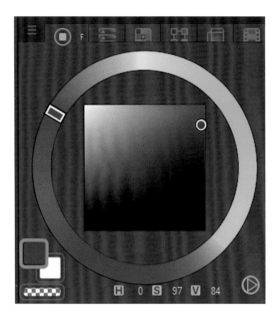

Diese Darstellung ist mit HSV abgekürzt. Das steht für *hue* (Farbwert), *saturation* (Sättigung) und *value* (Helligkeitswert). Dass dieser Farbraum aktiv ist, erkennst du daran, dass dein Farbrad ein Viereck in der Farbauswahl als Grundlage hat.

Dieser Farbraum nähert sich der menschlichen Farbwahrnehmung am meisten an, sodass es uns leichter fällt, uns darin zu bewegen.

Mit einem Klick auf den Kreis mit dem Dreieck unten rechts kannst du die Darstellung aber auch zum HLS-Farbraum verändern.

Der HLS-Farbraum, *hue* (Farbwert), *lightness* (Helligkeit) und *saturation* (Sättigung) wird im Gegensatz zu HSV als Dreieck im Farbrad dargestellt. Beide Farbdarstellungen sind sich sehr ähnlich und dienen lediglich zur Orientierung bei der Farbauswahl.

Vorsicht

Beide Farbräume verändern lediglich die Darstellungsform. Im Hintergrund arbeitet Clip Studio Paint jedoch immer mit dem RGB-Farbraum, der für die Darstellung digitaler Farben üblich ist. Dies zu wissen, ist spätestens beim Exportieren und der Druckvorbereitung wichtig, da der Druckfarbraum CMYK den digitalen Farbraum RGB nie ganz wiedergeben kann und es so zu verfälschter Darstellung der Farben kommen kann.

Farbräume: RGB und CMYK

Der RGB-Farbraum basiert auf der Dreifarb-theorie, in der davon ausgegangen wird, dass sich alle Farben aus dem Zusammenspiel der drei Farben Rot, Grün und Blau mischen las-sen. Da wir mit den Zapfen in unserem Auge auch nur Rot, Grün und Blau wahrnehmen können und erst in diesem Zusammenspiel alle anderen Farben unserer Wahrnehmung entstehen, entspricht der RGB-Raum un-serer Wahrnehmung besser als der CMYK-Farbraum.

Der CMYK-Farbraum ist dagegen wesentlich kleiner. Er wird von den meisten Druckern verwendet, die nicht so feinteilig die Farben mischen können wie unser Auge. Daher entsteht die Diskrepanz zwischen RGB und CMYK.

Die Grundfarben dieses Farbraums sind Cyan, Magenta und Yellow (Gelb), also die Mischfarben des RGB-Farbraums. Dazu kommt noch die Farbe *Key* für den Schwarz-anteil.

Farbwerte manuell eingeben

Mit einem Doppelklick auf die Farbfelder neben deinem Farbrad gelangst du in das Fenster Farbeigenschaften. Hier findest du neben dem Farbrad noch ein Feld, in dem du Farben über die Eingabe eines Farbwerts auswählen kannst.

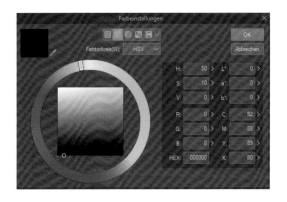

In diesem Bereich siehst du die Zahlenwerte im HSV-, RGB- und CMYK-Farbraum, aber auch die Werte aus LAB und HEX.

Der Hexadezimalcode (kurz HEX) ist ein sechsstelliger Nummerncode, der haupt-sächlich seine Anwendung in der Web-programmierung findet. Dieser Code gibt beispielsweise reproduzierbare Farbwerte für Corporate Designs an.

Der LAB-Farbraum hingegen gibt alle wahr-nehmbaren Farben an. Du findest ihn haupt-sächlich in der industriellen Farbmischung. Alternativ wird dieser Farbraum manchmal auch CIELAB genannt.

2.2 Farbregler

In der Registerkarte über dem Farbrad findest du als Nächstes die Karte für die Farbregler. Hier kannst du auf der linken Seite wählen, ob du mit dem RGB-, dem HVS- oder dem CMYK-Regler arbeiten möchtest.

Du mischst in dieser Karte deine Farben über das Verschieben der Regler nach rechts und links. Jedes Verschieben der Regler ändert automatisch deine Farbe im Primärfarbfeld, sodass du gleich weiterzeichnen kannst, ohne die Farbe erst aufzunehmen.

▼ RGB

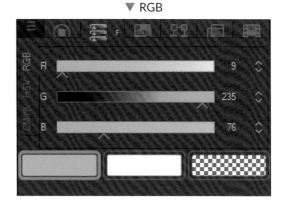

▼ HSV

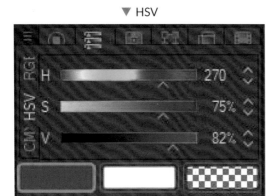

▼ CMYK

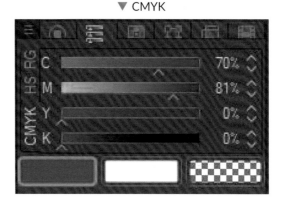

2.3 Farbpalette

Im dritten Reiter findest du die Farbfelder. Hier kannst du auch eigene Farbpaletten erstellen und deine Farben abspeichern. Besonders bei wiederkehrenden Charakteren und Settings lohnt es sich oft, hier eine passende Palette anzulegen oder verschiedene Paletten zusammenzuführen, um einen schnelleren Zugriff auf die einzelnen Farben zu haben, ohne lange in Referenzbildern suchen zu müssen.

Über den Farbfeldern findest du ein Dropdown-Menü, in dem alle vorinstallierten Farbpaletten angezeigt werden. Über das Schraubenschlüssel-Symbol kannst du auch

hier wieder alles individuell laden, speichern und umbenennen.

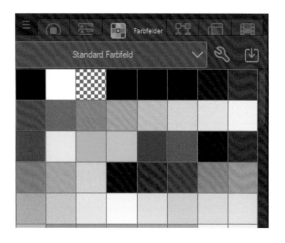

2.4 Zwischenfarbe

Zwischenfarbe und auch ungefähre Farbe in den nächsten beiden Reitern über dem Farbrad können bei der genauen Farbwahl helfen.

Mit einem Klick auf die Farbflächen in den vier Ecken kannst du Farben hinzufügen, die mit auf der Palette gemischt werden sollen. Wähle dafür zuvor mit der Pipette oder über das Farbrad eine Farbe aus und klicke dann auf eines der vier Referenzfelder außen. Der Fülleimer erscheint und deine Farbe wird zu den bestehenden Farben dazugerechnet.

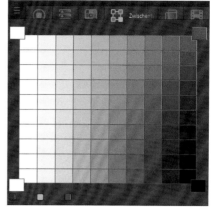

▲ Palette mit Zwischenfarben

2.5 Ungefähre Farbe

In diesem Bereich kannst du an den Buchstaben der Schieberegler außen die Attribute auswählen, die miteinander ins Verhältnis gesetzt werden sollen. Zur Auswahl stehen:

- Farbton
- Sättigung
- Luminanz
- Rot
- Grün
- Blau

Über die beiden Schieberegler neben dem Farbfeld kannst du die Intensität eines Attributs einstellen. So entstehen neue Farbpaletten, die du für dein Bild verwenden kannst.

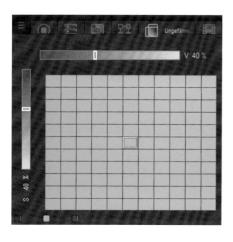

2.6 Farbprotokoll

Im Farbprotokoll erscheinen alle Farben, die du während deiner Arbeit in Clip Studio ausgewählt hast. Wenn du vergessen hast, eine Palette zu speichern, findest du hier deine verwendete Farbauswahl wieder.

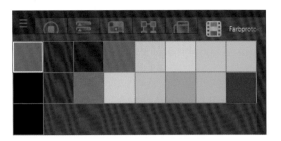

3

Zusatzmaterial

Um dich beim Bildaufbau und der Bildplanung zu unterstützen, hat Clip Studio Paint schon etliche hilfreiche Tools, doch auch die sind manchmal nicht genug. In diesem Fall hilft dir die Community mit frei verfügbaren Zusatzmaterialien. In diesem Kapitel zeige ich dir, wie du dieses Material bekommst, benutzt und selber erstellen kannst, um es mit anderen zu teilen.

Clip Studio Paint kommt mit vielen vor-installierten Materialien, die du frei benutzen kannst. Zusätzlich gibt es jedoch auch eine stetig wachsende Community, die ihre selbst erstellten Materialien kostenlos oder gegen ein geringes Entgelt einer der In-Programm-Währungen CLIPPY oder GOLD anbieten (siehe Abschnitt 3.5).

Das alles findest du in Clip Studio Assets, das sich unter dem Reiter Service im Start-bildschirm befindet. Solltest du auch deine selbst erstellten Materialien teilen wollen, musst du einiges beachten. Bilder, Pinsel, Raster und andere Materialien kannst du teilen, wenn du dich an die Community-Richt-linien hältst. Diese findest du im Verlauf der Upload-Routine.

Benutzt du die Materialien für deine Manga oder andere Druck-Erzeugnisse, bist du sicher, denn alle hochgeladenen Materialien haben automatisch Lizenzen, da diese Teil der Community-Bestimmungen sind.

Auch Clip Studio selbst stellt immer wieder neue Materialien zur Verfügung, die man nutzen darf. Diese findest du unter dem Usernamen: ClipStudioOfficial.

Um im Community-Bereich Material herunterladen zu können, zu kommentieren oder auch selbst Material freigeben zu können, musst du dich vorher registrieren und anmelden. Mit deiner Lizenzregistrierung bist du schon im System angelegt. Du musst dich also nur noch als Nutzer registrieren lassen.

▲ Die Menüleiste im Startbildschirm von Clip Studio

▲ Die Startseite von Clip Studio Assets

3.1 Registrierung und Anmeldung

Um dich als Nutzer zu registrieren, klickst du als Erstes auf die Schaltfläche Anmelden, die du im Startfenster von Clip Studio oben rechts findest.

Es öffnet sich ein neues Fenster, in dem du dich anmelden oder registrieren lassen kannst.

Ist die Registrierung abgeschlossen, kannst du dein Profil wie in allen sozialen Netzwerken anpassen und verwalten. Wenn du nicht in der Community aktiv werden willst, kannst du dennoch die Materialien aus Clip Studio Assets herunterladen und nutzen. Die Nutzungsbedingungen sind eindeutig und sollten zu Beginn wenigstens einmal gründlich gelesen werden, um spätere Missverständnisse zu vermeiden.

Die Startseite in Clip Studio Assets zeigt dir immer die neuesten und beliebtesten Materialien aus allen Kategorien an. Hier findest du neben Bildvorlagen, Verläufen, Rastern und Pinseln auch immer wieder von der Community selbst entwickelte 3D-Modelle und Posen, die du durchstöbern kannst.

Es finden sich allein im Material Tausende neue Inspirationen.

Im Banner erfährst du immer die neuesten Aktionen und Kooperationsprodukte bei Lizenzmaterialien.

Oder du nutzt die Suchleiste über dem Banner, um nach speziellem Material zu suchen.

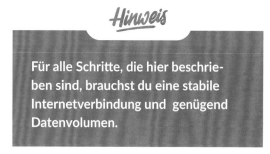

Hinweis

Für alle Schritte, die hier beschrieben sind, brauchst du eine stabile Internetverbindung und genügend Datenvolumen.

3.2 Material suchen und herunterladen

Nachdem du dich angemeldet und auf **Clip Studio Assets** geklickt hast, kannst du in der Suchleiste oben nach Material suchen. Suchbegriffe kannst du dort direkt eingeben.

Da das Programm aus dem asiatischen Raum kommt, sind die meisten Treffer nur in japanischer oder koreanischer Sprache zu finden. Das macht die Suche über die Suchzeile für Europäer schwieriger und ein wenig unkomfortabel. Mittlerweile gibt es jedoch immer mehr Schlagworte in englischer Sprache, sodass du zumindest damit gute Suchergebnisse erzielen kannst.

Du kannst auch Material in bestimmten Kategorien suchen, wenn du hinter der Suchleiste auf den Button **Details** klickst.

Es öffnet sich ein Drop-down-Menü, in dem du zwischen den verschiedenen Kategorien wählen kannst. Damit lässt sich gut spezifisch arbeiten, aber auch stöbern, wenn du nicht genau weißt, wonach du suchst.
Hast du das für dich passende Material gefunden, ist das Herunterladen ganz einfach.

Klicke auf das Vorschaubild und du wirst in den Download-Bereich weitergeleitet.

Ich habe mich exemplarisch für ein Stempeltool von ClipStudioOfficial entschieden.

In der oberen, grauen Box siehst du das Vorschaubild und den Namen des Materials. In den Schaltflächen darunter wird angezeigt, wie oft das Material schon heruntergeladen wurde und wie viele Likes es bekommen hat.

Du kannst es außerdem in deinen Favoriten abspeichern und dir den Text übersetzen lassen. Wenn du, wie ich, weder Japanisch noch Koreanisch fließend beherrschst, ist diese Funktion Gold wert, um zumindest ansatzweise zu verstehen, was der Ersteller dir mitteilen wollte.

deiner Materialleiste im Ordner Downloads deine heruntergeladenen Materialien.

Rechts neben der Funktion siehst du noch einmal, wie viel dich das Material kostet. In unserem Beispiel ist es kostenlos.

Unter dem Download-Button findest du noch einmal eine Anleitung für die Nutzung des Materials in Clip Studio Paint und unter Erlaubnis Hinweise darauf, für welche Zwecke es eingesetzt werden darf.

Klicke auf Download, um das Material herunterzuladen.

Dass der Download startet, siehst du oben im Programmrahmen neben deinem Profil. Die Zahl gibt an, wie viele Materialien gerade heruntergeladen werden.

Ob der Download erfolgreich war oder es Probleme gab, siehst du, wenn du auf den Button klickst. Anschließend erscheint ein neues Dialogfenster, in dem du deine Aktivitäten seit dem letzten Start sehen kannst. Hier kannst du auch prüfen, ob du die aktuellste Version des Programms verwendest oder ob neue Updates verfügbar sind.

Ist der Download abgeschlossen, wechselst du zu Clip Studio Paint. Hier findest du in

Diese kannst du jetzt via Drag&Drop einfach in den Toolbereich verschieben, in den sie gehören. Die Bäume sind ein Effektstempel, also werden sie auch genau dort eingefügt.

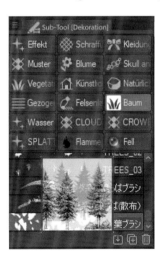

Jetzt ist das Material eingefügt und kann benutzt oder weiterverwendet werden.

3.3 Importieren von Materialien aus dem Internet ──────

Neben dem Import von Material über die Community-Plattform, wie im vorigen Abschnitt beschrieben, gibt es auch noch andere Materialien, die man im Netz oder auch direkt von Clip Studio bekommen und käuflich erwerben kann.

Hier erhältst du die Daten in einem Container (ZIP-Datei) und musst diese erst mal entpacken.

Wenn du die Ordner entpackt hast, öffnest du Clip Studio Paint und wählst einen Bereich, in dem du deine neuen Pinsel einfügen möchtest. Gehe dazu in die Sub-Tools.

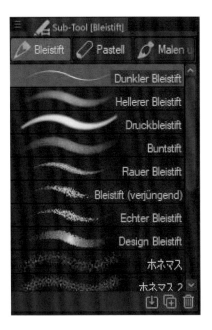

Klicke auf das Sub-Tool Material importieren-Symbol, um das Importfenster zu öffnen. Hier erscheinen alle neuen Tools wie in unserem Beispiel Effektpinsel automatisch. Du musst jetzt nur noch auswählen, welche Pinsel du hinzufügen möchtest, und auf OK klicken.

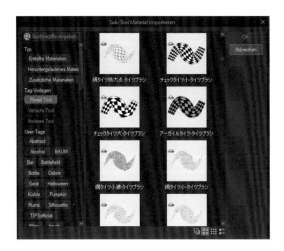

Nach kurzer Ladedauer erscheint deine Pinselvorlage, die du nun verwenden kannst.

3.4 Export und Veröffentlichung von Material ──────

Es ganz einfach, Materialien mit Freunden zu teilen oder sie der Community zur Verfügung zu stellen und damit auch In-Programm-Währung zu verdienen.

Exemplarisch nehmen wir an, du hast eine neue 3D-Pose erstellt und möchtest diese jetzt teilen. Natürlich geht das alles auch auf die gleiche Weise mit anderem Material. Die Arbeitsschritte sind immer dieselben.

Als Erstes öffnest du den Startbildschirm von Clip Studio und klickst in der Sidebar auf Material verwalten.

▲ Übersicht deiner auf dem PC gespeicherten Materialien

Hier findest du auf einen Blick die Übersicht über alle Materialien, die du jemals erstellt oder bearbeitet hast.

Wähle nun ein Material aus, das du veröffentlichen möchtest.

In meinem Beispiel habe ich eine hockende Pose erstellt. Wie man solche Posen erstellt und abspeichert, liest du unter »Eigene Posenvorlage erstellen« in Abschnitt 6.3.

Klicke auf den Pfeil mit Kreis, um das Menü zu öffnen.

Wenn du auf Material verwalten klickst, kommst du in die nächste Ansicht.

Hier kannst du jetzt dein Material in Clip Studio Assets veröffentlichen.

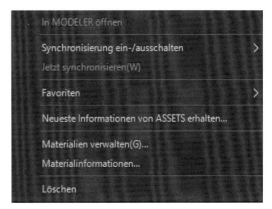

▲ Das Kontextmenü im
Material verwalten-Fenster

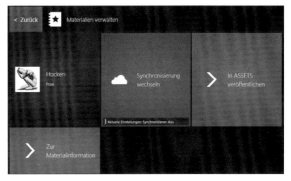

▲ Material verwalten

Mit einem Klick auf die Schaltfläche In ASSETS veröffentlichen gelangst du in den Bearbeitungsmodus, wo du Bilder, Texte und Hashtags hinzufügen kannst, um dein Material der Community zugänglich zu machen.

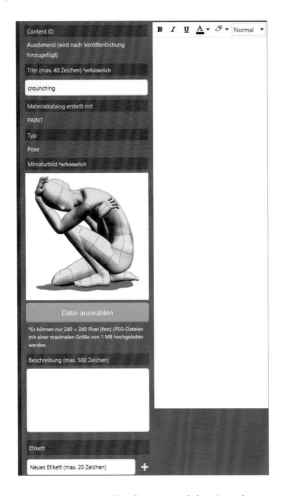

Das Programm gibt dir vor, welche Angaben du mindestens machen musst, um dein Material zu veröffentlichen. Wenn du zufrieden bist, kannst du auf Weiter zu Einstellung der Veröffentlichungsinformationen klicken oder deine Arbeit temporär speichern und dein Material später hochladen.

Als Nächstes musst du die Geschäftsbedingungen bestätigen und wirst zu einer Vorschau deines Posts weitergeleitet, die du nochmals überprüfen solltest.

Wird alles korrekt dargestellt, klicke auf Veröffentlichen und dein Material geht online.

Für deine Mühe erhältst du seit Neuestem sogenannte *Clippy*, eine kostenlose In-Programm-Währung, die du benutzen kannst, um dir Material von anderen Künstlern zu kaufen oder ihnen einfach etwas zu schenken.

3.5 Clippy und Gold verdienen

Die beiden In-Programm-Währungen Clippy und Gold unterscheiden sich in einem entscheidenden Punkt. Clippy (CP) kannst du dir durch Upload von Materialien in die Community verdienen. Pro Tag kannst du 100 Clippy für einen Upload bekommen. Wenn dir das zu wenig ist, kannst du deine Materialien auch zum Kauf für Clippy anbieten. Diese kannst du dir über die Upload-Seite auszahlen lassen. Wenn du ein Material zum Tausch gegen Clippy anbietest, entfallen jedoch die 100 Clippy für den Upload. Hin und wieder startet Clip Studio auch eine Aktion, bei der du für das tägliche Einloggen Clippy bekommen kannst.

Gold (G) wiederum kann nur gekauft oder gegen Clippy eingetauscht werden. 1000 Clippy haben dabei den Gegenwert von 100 Gold. Tauschen kannst du diese aber erst, wenn du mindestens 5000 Clippy angesammelt hast.

Falls du den Nutzungsplan für ein Smartphone oder Tablet nutzt, kannst du auch 1000 Clippy für einen Monat kostenlose Nutzung verwenden. Auch das ist nur über ein Material auswählbar.

4

Ebenen

Mit Ebenen kannst du dein Bild in verschiedene Elemente aufteilen, die du später alle einzeln bearbeiten kannst, wenn du doch mit einem Teil deines Bildes nicht ganz zufrieden bist. Mit Ebenen kannst du aber auch noch viele andere tolle Effekte erzielen und dir die Arbeit erleichtern. Diese Möglichkeiten stelle ich dir in diesem Kapitel vor.

Wenn du noch nie mit einem Grafikprogramm gearbeitet hast, fragst du dich sicherlich:

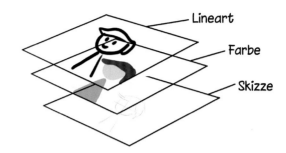

Das Arbeiten mit Ebenen gibt dir eine große Freiheit, die du in traditionellen Medien nie erreichen könntest. Durch die separaten Ebenen hast du die Möglichkeit, auch später noch Teile des Bildes zu verändern, an die du bei der Arbeit mit einer Leinwand beispielsweise nur sehr schwer wieder herankommen könntest.

Du kannst dir die Ebenen als durchsichtige Folien vorstellen. Durch die Transparenz kannst du sehen, was auf den Ebenen darunter liegt.

So kannst du beispielsweise kolorieren, ohne dass dein Lineart verändert wird. Um es noch mal zu verdeutlichen, hier ein Beispiel:

Du kannst einzelne Ebenen verändern, verformen und verfärben, ohne dass andere Ebenen von dieser Veränderung betroffen werden.

4.1 Das Ebenenfenster

Ebenenleiste

Ebenen zu organisieren, ist eine sehr individuelle Sache, die jeder Künstler anders angeht. Aus diesem Grund bietet Clip Studio Paint verschiedene Möglichkeiten, wie man seine Ebenen anordnen kann.

Im Folgenden zeige ich dir, wie ich die Ordnung in meiner Ebenenleiste halte und den Überblick behalte. Aber ich zeige dir auch Alternativen. Wie du am Ende deine Ebenen am besten organisierst, ist eine Sache, die du für dich selbst herausfinden musst. Du wirst sicher schnell etwas finden, was zu deiner individuellen Arbeitsweise passt.

Aber zunächst betrachten wir den Aufbau des Ebenenfensters einmal im Detail.

Der wichtigste Teil ist wohl die Ebenenleiste. Hier erscheinen alle deine bereits erstellten

Ebenen und dir wird angezeigt, auf welcher Ebene du dich gerade bewegst.

Die angewählte Ebene ist blaugrau hinterlegt. Achte immer darauf, dass die richtige Ebene aktiviert ist. Es ist nichts ärgerlicher, als am Ende eines Arbeitsschritts zu bemerken, dass man die Änderung auf der falschen Ebene vorgenommen hat.

Mit einem Doppelklick auf die Textzeile kannst du die Ebenen umbenennen. Ich empfehle dir, dies auch zu tun. Bei einer größeren Anzahl von Ebenen wird es sonst schnell unübersichtlich.

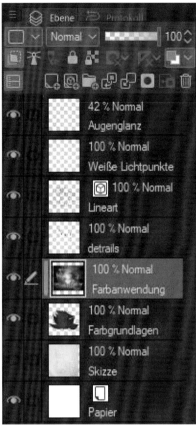

Bei dem Beispiel des Galaxy Fox hier sind es noch nicht viele Ebenen und doch siehst du schon, dass es schnell zu Verwechslungen kommen kann.

Besonders bei verschiedenen Ebenen-Typen musst du aufpassen. Die Ebene Lineart zum Beispiel ist eine Vektorebene und daher nicht für Flächen geeignet, wie du noch in Abschnitt 7.3 »Monochrom versus Graustufen« lesen wirst.

Auf ausgeblendeten Ebenen wie in diesem Beispiel die Ebene Skizze kannst du nicht arbeiten. Das Gleiche gilt, wenn für eine Ebene das Feststellen der transparenten Pixel aktiviert ist oder die gesamte Ebene gesperrt wurde. Wie du diese Funktionen aktivierst, erfährst du auf Seite 50.

Vergiss nicht, deine Ebenen eindeutig zu benennen, wenn du sie anlegst. Das erspart dir viel Ärger und Stocken im Workflow. Schon bei einfachen Bildern können ganz schnell zehn und mehr Ebenen zusammenkommen.

 Palettenfarbe ändern

Im Aufbau der Ebenenleiste findest du als Erstes eine Schaltfläche, die du zum Ordnen deiner Ebenen verwenden kannst.

Dieser Button hat keinen Einfluss auf die Ebene selbst, er färbt lediglich ihre Darstellung in der Leiste. Damit könntest du zum Beispiel Ebenen, die zusammengehören, in der gleichen Farbe markieren, um einen besseren Überblick zu bekommen.

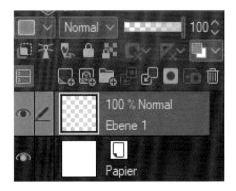

Arbeiten mit dem Ebenenfenster

 Füllmethoden

Direkt neben der Palettenfarbe findest du die Schaltfläche Füllmethoden. Sie ist ein Drop-down-Menü, das dir verschiedene Möglichkeiten vorgibt, wie deine Ebene mit den darunter liegenden Ebenen interagieren soll. Du kannst ein wenig experimentieren, um herauszufinden, wie die Ebenen miteinander arbeiten und welcher Effekt für dein Bild spannend wäre.

Die Füllmethode Multiplizieren beispielsweise eignet sich hervorragend, um Bilder zu kolorieren, die du traditionell mit der Hand gezeichnet hast. Setze dafür einfach den Scan deines Linearts auf Multiplizieren und koloriere dein Bild darunter wie gewohnt. Die weißen Flächen werden mit dieser Füllmethode nämlich wie eine Transparenz behandelt.

Füllmethoden wie Strahlendes Licht oder Überlagern eignen sich dagegen wunderbar, um Leuchten und Lichteffekte in ein Bild zu bringen. Mit der Anwendung verschiedener Füllmethoden kannst du die gesamte Stimmung eines Bildes verändern.

Einen Überblick über alle in Clip Studio Paint vorhandenen Füllmethoden und deren Auswirkungen siehst du auf der nächsten Seite.

 Deckkraft

Dieser Regler zeigt dir die Transparenz der farbigen Pixel auf einer Ebene an, sodass die Ebene darunter sichtbar wird. Wenn du etwas durchscheinend wirken lassen möchtest, kannst du an diesem Regler **ein**stellen, wie transparent deine Darstellung werden soll.

 Schnittmaske zur Ebene darunter

Eine tolle Hilfe für Licht und Schatten beim Kolorieren ist die Funktion Schnittmaske zur Ebene darunter. Damit arbeitest du auf einer neuen Ebene großflächig, während das Ergebnis nur auf Stellen sichtbar wird, die auf der Ebene darunter mit farbigen Pixeln gefüllt sind.

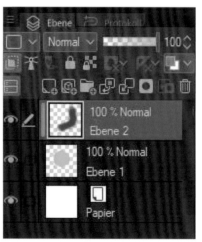

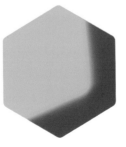

▲ Schatteneffekt mit einer Schnittmaske

Füllmethoden angewendet

Subtrahieren		Normal
Aufhellen		Abdunkeln
Negativ multiplizieren		Multiplizieren
Farbig abwedeln		Farbig nachbelichten
Hinzufügen		Linear nachbelichten
Weiches Licht		Überlagern
Differenz		Hartes Licht
Lineares Licht		Strahlendes Licht
Hart mischen		Lichtpunkt
Dunkle Farbe		Ausschluss
Aufteilen		Helles Licht
Sättigung		Farbton
Helligkeit		Farbe

Als Referenzebene anlegen

Mit einem Klick auf den kleinen Leuchtturm kannst du ganz schnell eine Ebene als Referenz anlegen.

Hast du bereits zuvor mehrere Ebenen angelegt, beziehen sich alle nachfolgenden Aktionen nur noch auf deine Referenzebene.

Ich zeige dir die Funktion hier am Beispiel des Füllens.

Nehmen wir an, du hast zwei verschiedene Rahmen auf zwei verschiedenen Ebenen gezeichnet und willst nun den Sternrahmen noch ausfüllen.

Versuchst du nun, die Fläche nur mit dem Füllwerkzeug (mehr dazu in Abschnitt 5.6) zu füllen, wird das Ergebnis ungefähr so aussehen:

Das ist nicht das gewünschte Ergebnis. Die äußeren Spitzen des Sterns sind noch nicht gefüllt und die Ranken haben weiße Lücken hinterlassen.

Damit es nicht dazu kommt und du einen schönen, sauber gefüllten Stern bekommst, legst du, bevor du eine Füllebene öffnest, deine Ebenen mit dem Sternrahmen als Referenzebene fest.

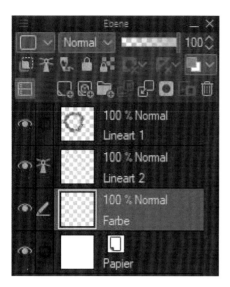

Vor deiner Ebene erscheint nun der kleine Leuchtturm als Symbol. Jetzt kannst du darunter eine Ebene für die Farbe anlegen.

Wähle nun in den Füllwerkzeugen Auf andere Ebenen beziehen aus.

Achte darauf, dass in den Tooleigenschaften Auf mehrere beziehen angehakt und der Leuchtturm ausgewählt ist. Das erreichst du mit einem Klick auf die Schaltfläche.

Wenn du jetzt dein Füllwerkzeug anwendest, füllt sich die gesamte Fläche des Sterns.

Video-Tutorial auf Seite 209.

 Als Entwurfsebene anlegen

Neben dem Referenzebene-Symbol hast du die Möglichkeit, mit einem Klick auf den Stift eine Ebene als Skizzenebene anzulegen. Diese Markierung hat keinen technischen Nutzen für dein weiteres Vorgehen. Es ist jedoch eine weitere Möglichkeit, deine Ebene von den anderen Ebenen zu unterscheiden und so einen leichteren Überblick zu haben.

 Ebene sperren

Ein häufiges Problem vieler Zeichner ist es, aus Versehen auf der falschen Ebene zu zeichnen und dadurch später Schwierigkeiten zu bekommen, wenn sie nachträglich noch etwas verändern wollen. Ein Klick auf die Schaltfläche Ebene sperren hilft dir dabei, diesen Fehler zu vermeiden.

Wenn du mit der Bearbeitung einer Ebene fertig bist, sperre diese Ebene und du kannst nicht mehr versehentlich darauf zeichnen.

Solltest du doch noch etwas auf der Ebene verändern wollen, kannst du sie mit einem Klick auf die Schaltfläche wieder freigeben. Damit behältst du die Kontrolle darüber, auf welcher Ebene du arbeitest, und es kommt viel seltener vor, dass du auf der falschen Ebene malst.

 Transparente Pixel sperren

Dies ist eine unheimlich nützliche Funktion. Ich nutze sie sehr häufig, denn sie ist sehr hilfreich, wenn man mit wenigen Ebenen arbeiten möchte.

Wie du bereits erfahren hast, sind Ebenen mit transparenten Folien zu vergleichen. Auf diesen Folien kannst du farbige Pixel verteilen und so ein Bild entstehen lassen.

 Video-Tutorial auf Seite 209.

Wenn du nun ein Bild hast, bei dem du einzelne Ebenen umfärben willst, musst du nicht erst umständlich mit dem Auswahl-Tool alle Stellen markieren. Klicke einfach auf Transparente Pixel sperren und schon kannst du auf den transparenten Pixeln dieser Ebene nicht mehr zeichnen. Deine Farbe verteilt sich automatisch nur noch auf den farbigen Pixeln, ohne dass du dafür eine neue Ebene anlegen musst.

Zeichne zuerst dein Lineart, ohne groß über die Farbe nachzudenken, und klicke dann in deinem Ebenenfenster die Schaltfläche Transparente Pixel sperren an.

▲ Lineart auf transparenter Ebene

▲ Lineart färben mit der Funktion
Transparente Pixel sperren

Jetzt kannst du alle Pixel, die nicht transparent sind, umfärben. Dabei bleibt kein Rand zurück, wie manchmal bei der Arbeit mit dem Auswahlwerkzeug, sondern du kannst alle Pixel gleichmäßig einfärben, ohne über die Linien hinaus zu zeichnen.

Hinweis

Wenn du die Ebene Papier ausblendest, indem du auf das Auge vor der Ebene klickst, wird der Hintergrund deiner Arbeitsfläche mit grauen Kästchen dargestellt. Diese symbolisieren Transparenz und werden in der Druckphase nicht berücksichtigt.

Ebenenmaske aktivieren

Diese Schaltfläche wird nur aktiv, wenn du eine Ebenenmaske erstellt hast. Sobald dies der Fall ist, kannst du auf den Button klicken und ein kleines Drop-down-Menü öffnet sich, in dem du Maske aktivieren und Maskenfläche anzeigen auswählen kannst. Mehr zum Thema Maskieren erfährst du ab Seite 54.

 Anzeigebereich für Lineal erstellen

Der Anzeigebereich für Lineale funktioniert genauso wie der für die Ebenenmasken. Erst wenn du die Linealfunktion anwendest, wird dieser Button aktiviert. Auch hier öffnet sich ein Drop-down-Menü, in dem du verschiedene Einstellungen tätigen kannst.

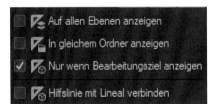

 Ebenenfarbe ändern

Mit einem Klick auf den Button Ebenenfarbe ändern kannst du die gesamten Inhalte einer Ebene bis maximal zwei Farbstufen (Hauptfarbe und Subfarbe) einfärben. Bei kleineren Monitoren kann die Schaltfläche verborgen sein. Ziehst du das Ebenenfenster zur Mitte hin, erscheint der Button.

▲ Originalbild

▲ Bild mit aktivierter Funktion
Ebenenfarbe ändern

Neue Pixelebene erstellen

Was Ebenen sind, haben wir bereits geklärt. Aber es gibt verschiedene Arten von Ebenen. Die Pixelebene ist vermutlich die, mit der du am häufigsten zu tun hast. Du brauchst sie für das Zeichnen und Malen genauso wie für Verläufe. Mit einem Klick auf diese Schaltfläche erstellst du eine neue Ebene, auf der du arbeiten kannst.

 Neue Vektorenebene erstellen

Neben den Pixelebenen gibt es noch die Vektor-Ebene, die sich für klare und glatte Lines anbietet. Wie du mit Vektoren in Clip Studio Paint arbeiten und wie du sie für dich nutzen kannst, erkläre ich dir in Abschnitt 7.3 »Monochrom versus Graustufen«.

 Neuen Ebenenordner erstellen

Nun kommen wir zu der Funktion, mit der ich meine Ebenen am liebsten sortiere. Ich habe dir schon einige Möglichkeiten der Sortierung mit Ebenenfarbe und Entwurfsebene aufgezeigt. Doch meine Lieblingsmethode, meine Ebenen zu sortieren und dabei den Überblick zu behalten, sind solche Ebenenordner. Du kannst deine Ordnerstruktur gliedern, wie sie dir am sinnvollsten erscheint – zum Beispiel nach Bildinhalten. Einzelne Ebenen werden damit zu den großen Themengebieten sortiert.

So behältst du den Überblick, und wenn die Ordner geschlossen sind, kannst du dich nicht in der großen Anzahl an Ebenen verlieren, die bei einem Bild entstehen kann. Beispiele hierfür findest du im zweiten Teil des Buches ab Kapitel 6, wo ich dir Projekte von A bis Z zeige.

 Zu unterliegender Ebene transferieren

Mit einem Klick auf diese Schaltfläche transferierst du alle Inhalte, die sich auf dieser Ebene befinden, auf die direkt darunter liegende Ebene. Deine Ebene bleibt dabei als leere Folie erhalten und kann weiterbearbeitet werden. Ausschließlich die Inhalte werden verschoben.

 Untere Ebenen kombinieren

Diese Schaltfläche sorgt dafür, dass die markierte Ebene mit der darunter liegenden zusammengeführt wird. Anders als beim Transferieren bleibt hier die Ebene nicht erhalten, sondern wird untrennbar mit der anderen Ebene verbunden und verschwindet aus deinem Ebenenfenster.

Tipp

Mit einem Rechtsklick auf eine Ebene kommst du in das Untermenü, in dem es noch viele weitere Bearbeitungsmöglichkeiten für Ebenen-Inhalte gibt.

Neue Korrekturebene(J)
Neuer Ebenenordner
Ordner erstellen und Ebene einfügen
Ordnergruppierung aufheben(S)
Ebene duplizieren
Ebene löschen(T)
Ebenenmaske
Lineal/Panel(R)
Dateiobjekt(X)
Ebeneneinstellungen(P)
Auswahl von Ebene(Y)
Rastern(Z)
Ebene umwandeln(H)...
LT-Umwandlung der Ebene...
Zu unterliegender Ebene transferieren(C)
Mit unterer Ebene zusammenfügen(W)
Ausgewählte Ebenen kombinieren
Sichtbare Ebenen kombinieren(V)

4.2 Maskieren

Masken können dir in vielen Situationen sehr nützlich sein. Du kannst sie dir als eine Art Schablone vorstellen. Sie verdecken Teile deines Bildes. Diese Funktion wird beim Erstellen von Comics und Manga besonders nützlich, weil du damit Raster über die ganze Seite verteilen kannst, sie aber nur dort, wo du sie brauchst, sichtbar werden.

Auch zum temporären Ausblenden von Bildelementen können Masken hilfreich sein. Aber schauen wir uns erst einmal an, wie eine Maske erstellt wird.

Maske

 Ebenenmaske erstellen

Bei einem Klick auf die Schaltfläche Maske erstellen erscheint hinter deiner Ebene ein weißes Feld.

Das ist deine Ebenenmaske. Sie ist nur auf dieser einen Ebene aktiv. Deine Bearbeitungsfläche wechselt jetzt automatisch auf die Maske, das erkennst du am weißen Rahmen um die Fläche.

Du kannst nun Bereiche deines Bildes mit verschiedenen Tools abdecken. Zur Auswahl stehen dir das Zeichnen-, das Füll- und das Formwerkzeug.

Um einen Bereich abzudecken, musst du als »Farbe« auf der Maske die transparenten

Pixel auswählen. Diese befinden sich in dem länglichen Kästchen unter deiner Primär- und Sekundärfarbe.

Hast du einmal zu viel abgedeckt, kannst du mit der Primärfarbe alles wieder zum Vorschein bringen.

Als einfache Regel kannst du dir merken:

- Transparenz deckt ab
- Farbe deckt auf

Also genau umgekehrt wie bei der normalen Ebene.

Im Maskenfenster siehst du, welcher Teil des Bildes abgedeckt wurde. Dieser erscheint auf der Ebenenmaske als schwarz eingefärbter Bereich.

In meinem Beispiel habe ich zunächst die gesamte Fläche hinter dem Herz mit einem Füllwerkzeug gefüllt und dann alle Pixel, die außerhalb des Motivs lagen, mit dem Zauberstab-Werkzeug ausgewählt.

Danach bin ich auf die Maske gewechselt und habe diese Fläche mittels Füllen mit transparenten Pixeln gefüllt, und schon hatte ich ein sauber abgegrenztes Ergebnis ohne überstehende farbige Pixel.

▽ Flächen füllen mit einer Ebenenmaske

 Maske auf Ebene anwenden

Möchtest du, dass alles, was du abgedeckt hast, permanent ausgeblendet wird, kannst du nach dem Maskieren auf die Schaltfläche Maske auf Ebene anwenden klicken. Damit verschmilzt deine Maske mit der Ebene und alle abgedeckten Stellen werden unwiederbringlich gelöscht. Du solltest dir also absolut sicher sein, bevor du diesen Schritt in deinem Bild gehst. Man weiß nie, wann man später noch einmal etwas braucht, was man vorher als unwichtig erachtet hat.

▶ Video-Tutorial auf Seite 209.

4.3 Ebeneneigenschaften

Das Fenster der Ebeneneigenschaften befindet sich standardmäßig zwischen der Navigation und dem Ebenenfenster.

Sollte es bei dir nicht angezeigt werden, kannst du es über das Drop-down-Menü im Reiter Fenster aktivieren.

Das Fenster besteht aus zwei Bereichen: dem Effekt und der Ausdrucksfarbe. So wie du im Dokumentenfenster zu Beginn einer jeden neuen Arbeit festlegen kannst, welche allgemeine Ausdrucksfarbe (siehe Seite 15) dein Dokument haben soll, kannst du auch hier einstellen, welche Ausdrucksfarben jede einzelne Ebene haben soll.

Du kannst zwischen drei Modi wählen:

1. Farbe: In diesem Modus hast du die Möglichkeit, mit allen Ausdrucksfarben des RGB-Farbraums zu arbeiten.

2. Grau: In dieser Einstellung erscheinen alle Farben ausschließlich in Graustufen.

3. Monochrom: Mit diesem Modus kannst du ausschließlich vollfarbig schwarz oder weiß zeichnen. Dies ist besonders für scharfe Druckkanten bei einfarbigen Flächen wichtig.

Vorsicht

Bei der Nutzung der Monochrom-Einstellung funktionieren weiche Übergänge in Verläufen und den Pinseln nicht mehr. Alles wirkt dadurch hart und verpixelt. Das ist jedoch nur in der digitalen Ansicht so. Für den Schwarz-Weiß-Druck, wie beim Manga üblich, ist die Wahl dieses Modus sogar von Vorteil, da so im Druck immer scharfe Linien und keine unschönen Grauschleier erscheinen. Lies mehr zu den einzelnen Modi in Kapitel 8 »Druckvorbereitung«.

Neben den Ausdrucksfarben gibt es noch den Punkt Effekte, der den Hauptanteil des Ebeneneigenschaften-Fensters ausmacht.

Der erste Button in dieser Schaltfläche ist der Randeffekt. Dieser unterteilt sich noch einmal in klare Ränder, was durch einen Kreis symbolisiert wird, und diffuse Ränder für die Wasserfarben.

Eine weitere spannende Funktion ist der zweite Button Linie extrahieren. Damit lassen sich aus selbst gemachten Fotos ganz schnell Linearts und Hintergründe gestalten.

Auch die Umwandlung von Fotos zu Rastern ist möglich. Mithilfe der Regler kannst du hier Dichte, Körnung und Form der Raster einstellen, um dein gewünschtes Ergebnis zu erzielen.

Darüber hinaus kannst du auch hier noch einmal die Ebenenfarbe ändern und damit beispielsweise deine erstellten Raster einfärben.

Alle Buttons lassen sich auch miteinander kombinieren.

▼ Umwandlung eines Fotos mit verschiedenen Einstellungen

▲ Rasterebene im Monochrom-Modus

▲ Rasterebene über Ebeneneigenschaften eingefärbt

Am Beispiel der Geisha siehst du, dass du die Farben der Rasterebenen ändern kannst und nicht auf Schwarz-Weiß festgelegt bist.

Um deine gesamte Rasterebene einzufärben, wähle die Ebene in der Ebenenliste aus und klicke in den Ebeneneigenschaften auf den Button Ebenenfarbe. Wähle unter Ausdrucksfarbe die Option Farbe aus und suche dir deine Wunschfarbe. Die angewählten Buttons für diesen Arbeitsschritt siehst du in der Darstellung rechts als blau unterlegte Felder. Dabei ist es völlig egal, wie viele Ebenen du verwendest. Du kannst jede Ebene als Ganzes über diese Funktion mit zwei Klicks umfärben.

Achte jedoch darauf, dass du auf jeder Ebene immer nur eine Farbe für die gesamten Flächen nutzen kannst.

▶ Ansicht im Ebenenfenster bei eingefärbten Rastern

4.4 Ebenen durchsuchen

Neben dem Reiter Ebeneneigenschaften findest sich noch ein praktisches Tool, das dir hilft, wenn du den Überblick über deine Ebenen verloren hast.

Hier kannst du Ebenen nach ihren Eigenschaften suchen und anzeigen lassen. So kannst du die Suche zum Beispiel auf spezielle Ebenentypen eingrenzen.

Um dir alle Ebenentypen anzeigen zu lassen, klicke auf den kleinen Pfeil hinter dem Suchfeld Für diese Ebenen anzeigen. Es öffnet sich ein Drop-down-Menü wie unten abgebildet, in dem du nach den Haupttypen sortiert alle Ebeneneinstellungen finden kannst.

Unter dem Punkt Rasterebenen kannst du beispielsweise noch zwischen Farbraster-, Graustufen- und monochromen Rasterebenen auswählen.

Diese Suchfunktion bietet sich besonders dann an, wenn du einen gesamten Ebenentyp auf verschiedenen Ebenen ändern willst.

Möchtest du beispielsweise alle Farbrasterebenen in monochrome Ebenen umwandeln und hast mehrere Farbrasterebenen, kannst du sie mit einem Haken vor dem Feld Raster (Farbe) auswählen und anzeigen lassen.

Nun kannst du die Ebenen ganz bequem ändern, ohne dich erst durch alle deine vorhandenen Ebenen und Unterordner klicken zu müssen.

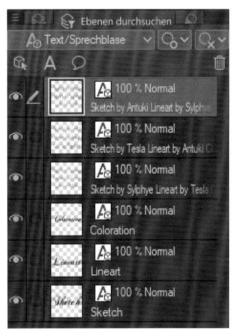

▲ Suchauswahl für Text/Sprechblase

Außerdem ist noch ein dritter Reiter verfügbar. Dieser ist jedoch nur für das Erstellen von Animationen interessant und soll hier keine weitere Rolle spielen.

◀ Suchfenster für Ebenentypen

5
Werkzeuge

Clip Studio Paint kommt mit einer großen Auswahl an vorinstallierten Werkzeugen, die dir von Anfang an zur Verfügung stehen. Damit du dich in deiner Toolbar leicht zurechtfindest, habe ich dir hier die wichtigsten Werkzeuge und ihre Funktionen zusammengestellt.

5.1 Die Toolbar

Kategorien   Werkzeuge

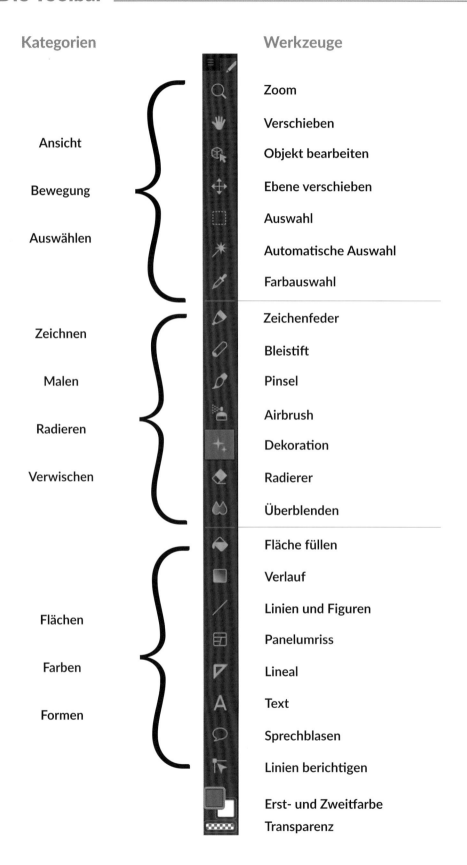

Ansicht

Bewegung

Auswählen

Zoom

Verschieben

Objekt bearbeiten

Ebene verschieben

Auswahl

Automatische Auswahl

Farbauswahl

Zeichnen

Malen

Radieren

Verwischen

Zeichenfeder

Bleistift

Pinsel

Airbrush

Dekoration

Radierer

Überblenden

Flächen

Farben

Formen

Fläche füllen

Verlauf

Linien und Figuren

Panelumriss

Lineal

Text

Sprechblasen

Linien berichtigen

Erst- und Zweitfarbe

Transparenz

5.2 Markieren und Bewegen

Die Tools des ersten Abschnitts deiner Toolbar gehören zu dem Bereich Bewegung und Auswählen. In diesem Abschnitt stelle ich dir ihre einzelnen Eigenschaften im Detail vor.

Zoom

Den Zoom findest du in verschiedenen Teilen des Programms. So hast du ihn auch schon bei den Befehlsleisten und in der Navigation kennengelernt. Da Clip Studio Paint für verschiedene Endgeräte und Arbeitsweisen designt wurde, musste bei der Entwicklung darauf geachtet werden, dass man für einen optimalen Arbeitsfluss verschiedene Möglichkeiten hat, auf diese wichtige Funktion zuzugreifen.

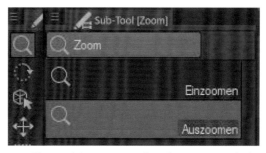

▲ Ein- und Auszoomen über das Lupensymbol

In deiner Toolbar findest du den Zoom (Lupensymbol) ganz oben als erste Schaltfläche. Du hast die Auswahl zwischen Ein- und Auszoomen. Damit kannst du dich in deiner Arbeitsfläche bewegen und dir Details näher heranholen. Mehr dazu findest du in Abschnitt 1.3 unter »Navigation«.

Verschieben

Wie auch der Zoom dienen Aktionen mit den Verschieben-Tools (Hand und Drehen) nur zur Änderung der Ansicht deiner Arbeitsfläche und haben keinen Einfluss auf deinen Bildinhalt.

Hinweis

> **Wenn du an einem Touch-Gerät arbeitest, kannst du natürlich auch die Standardgeste ausführen und zwei Finger zusammen- oder auseinanderziehen, um ein- und auszuzoomen. Außerdem kannst du mit deinem Mausrad oder, wenn du wie ich ein Grafiktablet mit Drehregler hast, auch damit bequem zoomen.**

Sowohl die Hand als auch das Drehen sollen die natürliche Handhabung der Arbeitsfläche simulieren.

Die Arbeit mit Clip Studio soll sich für dich genauso intuitiv und einfach anfühlen wie die Arbeit mit einem Blatt Papier.

Die Hand ist hierbei für die Steuerung hoch, runter, links und rechts zuständig und das Drehen-Tool für die Rotation.

▲ Darstellung der Arbeitsfläche in Rotation

Bedienung

Unter dem Button Bedienung findest du im Sub-Tool gleich vier unterschiedliche Funktionen.

Objekt

Die erste Schaltfläche bezieht sich auf 3D-Objekte, die du als Referenzen aus der Materialsammlung in deine Arbeitsfläche laden und mit der Funktion Objekt weiterbearbeiten kannst.

Mehr dazu findest du in Abschnitt 6.3 »Anwendung von Posenmodellen«.

Ebene auswählen

Das ist eine praktische Funktion, um Ebenen zu finden, ohne lange danach suchen zu müssen.

Wähle diese Funktion aus und klicke auf den Teil deines Bildes, den du finden möchtest. Die Funktion wählt automatisch in deinem Ebenenfenster die Ebene an, auf der der gewählte Bildbestandteil hinterlegt ist.

In den Tooleigenschaften kannst du außerdem einzelne Bedingungen auswählen, die bei der Suche ausgeschlossen werden sollen, z.B. nicht auf Entwurfsebene beziehen.

Lichttisch

Mit dem Lichttisch kannst du noch zusätzliche Maus- und Stiftgesten sowie Fingergesten mit Funktionen einstellen.

Zeitleiste bearbeiten

Ähnlich wie beim Lichttisch kannst du hier Gesten bearbeiten, die du für den Animationsprozess brauchst.

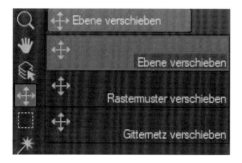

Ebenen verschieben

Hier findest du drei verschiedene Schaltflächen, die dir helfen können, wenn du beispielsweise etwas zu nahe an den Rand gezeichnet hast. In diesem Fall kannst du es mit der ersten Funktion Ebene verschieben ganz einfach ein bisschen vom Rand wegziehen und hast wieder Platz zum Zeichnen.

Achte darauf, dass du nur ausgewählte Ebenen verschieben kannst.

Um die zu verschiebenden Ebenen auszuwählen, klickst du in deinem Ebenenfenster mit gehaltener [STRG]-Taste die Ebenen an, die du verschieben willst, und bewegst sie dann mit dem Sub-Tool Ebenen verschieben an die gewünschte Stelle. So bleiben alle anderen Ebenen von der Aktion unberührt.

Mit der Funktion Rastermuster verschieben kannst du auch Raster bewegen, ohne sie vorher rendern zu müssen.

Die letzte Funktion in dieser Reihe ist Gitternetz verschieben. Diese kannst du auf ein zuvor angelegtes Gitternetz anwenden. Was ein Gitternetz ist und wozu man es benötigt, zeige ich dir in Abschnitt 5.8 »Lineale und Perspektiv-Hilfsmittel«.

Auswahlwerkzeuge

In Clip Studio werden dir viele Auswahl-Tools angeboten, mit denen du ganz einfach Bildelemente auswählen kannst.

Rechteck und Ellipse sind feste Formenwerkzeuge, die du in den Tooleigenschaften noch anpassen kannst.

Das Lasso und die Polylinie sind Werkzeuge für freie Formate. Sie kommen besonders dann zum Einsatz, wenn du eine präzise Auswahl auf engem Raum treffen musst.

Der Auswahlstift kann wie ein regulärer Stift verwendet werden. Indem du über die auszuwählende Fläche fährst, färbt sich diese Fläche in einem transparenten Grün. So siehst du genau, was du ausgewählt hast und was nicht. Hebst du deinen Stift von deinem Grafiktablet oder lässt die Maustaste los, verschwindet das Grün und die ausgewählte Fläche wird von einer sich bewegenden Punktlinie umschlossen.

Hast du zu viel Fläche ausgewählt oder willst in einer bereits ausgewählten Fläche Aussparungen einfügen, kannst du dies mit dem Auswahlradiergummi machen. Wie auch der Auswahlstift färbt er während des Arbeitsprozesses die ausgewählte Fläche in transparentem Grün ein und löscht die Auswahl an der Stelle, an der er eingesetzt wurde, sobald man loslässt.

Hinweis

Wenn du eine Fläche markiert hast, kannst du nur noch in diesem Bereich arbeiten. Der Rest der Arbeitsfläche bleibt unberührt, bis die Auswahl aufgehoben wird.

▼ Auswahl treffen mit dem Auswahlstift

Hast du eine Fläche ausgewählt, erscheint unter dieser eine Toolbox, in der du die Auswahl zusätzlich bearbeiten kannst. Du kannst die Auswahl (von links nach rechts) aufheben, freistellen, umkehren, Pixel genau vergrößern oder verkleinern, löschen oder alles, was nicht ausgewählt ist, löschen, ausschneiden und einfügen, kopieren und einfügen, skalieren und drehen, flächig füllen oder mit Rastern füllen.

▼ Auswahl mit dem Rechteck-Werkzeug und Toolbox

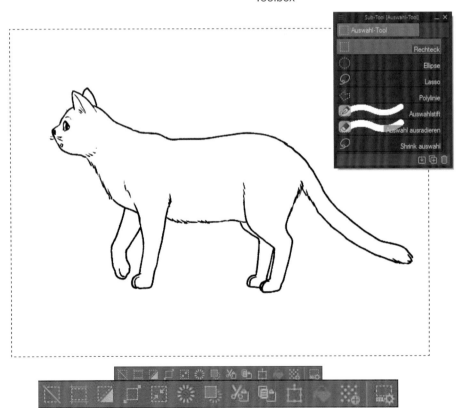

Automatische Auswahl

Du kennst die Automatische Auswahl sicherlich unter dem Namen *Zauberstab*.

Wenn du auf eine bestimmte Farbfläche in deinem Bild klickst, sucht dieses Tool automatisch nach umliegenden ähnlichen Pixeln. Wie empfindlich der Zauberstab bei der Auswahl der »Ähnlichkeit« ist, kannst du in den Tooleigenschaften einstellen.

Du hast außerdem drei Auswahlmodi, mit denen du arbeiten kannst:

- Nur Bearbeitungsebene verweisen
  In dem ersten Modus Nur Bearbeitungs-ebene verweisen bezieht sich das Aus-wahl-Tool ausschließlich auf die Ebene, auf der du aktuell arbeitest.

- Auf andere Ebene verweisen
  In diesem Modus werden alle ähnlichen Farben auf allen Ebenen in die Auswahl mit einbezogen.

- Auswahl für Bezugsebene
  Hier bezieht der Zauberstab alle Ebenen mit ein, die zuvor ausgewählt wurden.

Pipette

Dieses Tool hilft dir, Farben aufzunehmen, insbesondere wenn sie durch das Mischen von Farben auf deiner Arbeitsfläche bzw. durch Überlagerung zufällig entstanden sind (Modus Anzeigefarbe beziehen).

Damit du die Farbe nicht jedes Mal auf dem Farbrad neu einstellen und suchen musst, kannst du sie mit der Pipette ganz schnell auswählen.

In deinen Tooleigenschaften kannst du auswählen, ob nur deine aktuelle Ebene als Referenz verwendet werden soll oder ob du dich auf die oberste Ebene oder das gesam-te Bild beziehen willst.

▼ Auswahlmodi der automatischen Auswahl

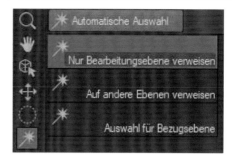

▼ Sub-Tool-Eigenschaften der automatischen Auswahl

▼ Modi der Pipette

▼ Sub-Tool-Eigenschaften der Pipette

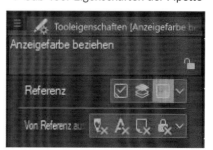

5.3 Die Pinsel

Wenn du zeichnest, sind die Pinsel-Tools deine wichtigsten Werkzeuge. Clip Studio Paint bringt standardmäßig viele gute Pinsel mit. Diese sind in deiner Tool-Leiste im zweiten Abschnitt zu finden. Die Icons helfen dir dabei, die passenden Pinsel für deine Arbeit zu finden.

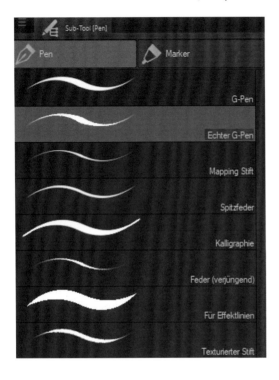 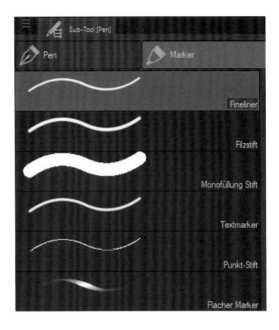

◀ Pen- und Markerspitzen ▲

Als Erstes findest du Pen- und Markerspitzen, die die Benutzung von Zeichenfedern, Finelinern, Markern und Ähnlichem simulieren. Über die Tooleigenschaften und das Schraubenschlüssel-Icon in der unteren rechten Ecke kannst du noch viele zusätzliche Änderungen und Individualisierungen vornehmen.

Mehr dazu findest du im nächsten Abschnitt »Pinsel selbst erstellen«.

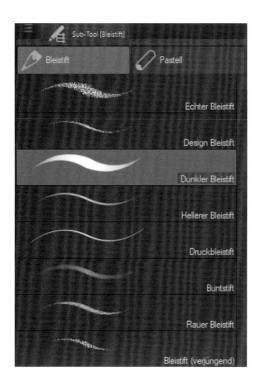

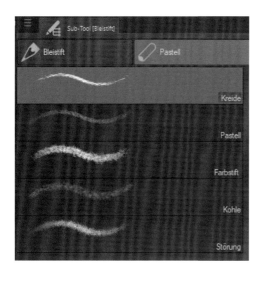

▲ Verschiedene Bleistiftspitzen

Unter dem zweiten Button findest du Bleistifte und Pastellkreiden, die sich im Abrieb und der Papierstruktur sehr realistisch darstellen.

▲ Pastellkreiden im Einsatz

Der dritte Button steht für den Farbauftrag aller malerischen Techniken und kommt standard-mäßig mit vielen Aquarell- und Tusche-Pinseln. Die Palette Öl- und Acrylfarbe, zu finden unter der Bezeichnung dicke Farbe, hingegen ist nicht so weit ausgebaut, du kannst aber sehr schnell Abhilfe schaffen, indem du Zusatzpinsel aus Clip Studio Assets oder kostenpflichtige Pinsel-erweiterungen herunterlädst. Gerade wenn du dich mehr im Bereich Illustration zu Hause fühlst, wirst du die zusätzlichen Pinsel lieben.

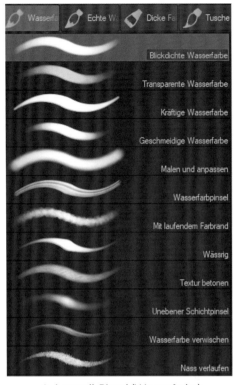

▲ Aquarell-Pinsel (Wasserfarbe)

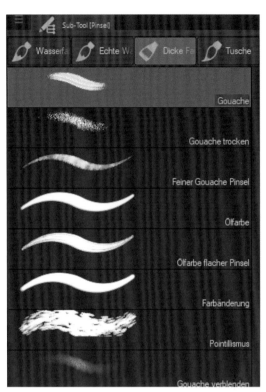

▲ Dicke Farbe

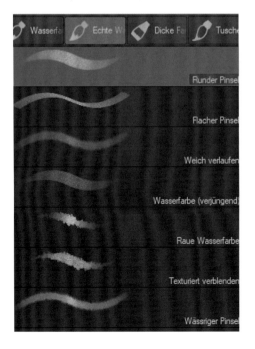

◄ Echte Wasserfarbe

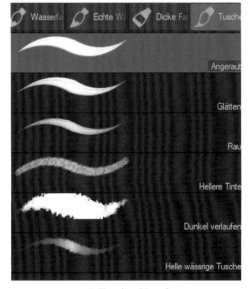

▲ Tusche-Pinsel

Bei diesem Bild wurden alle Pinselarten verwendet, um die Vielfalt zu demonstrieren.

Pinsel selbst erstellen

Natürlich musst du dich nicht mit den Pinseln zufriedengeben, die Clip Studio Paint mitbringt. Neben den Brushpacks, die Clip Studio für kleines Geld auf seiner Homepage anbietet, und den Pinseln, die die Community zum Download anbietet, kannst du auch deine eigenen Pinsel erstellen, die gänzlich auf deine Bedürfnisse zugeschnitten sind.

Und es ist gar nicht schwer. Das will ich dir in diesem Abschnitt zeigen.

▼ Neue Illustrationsdatei erstellen

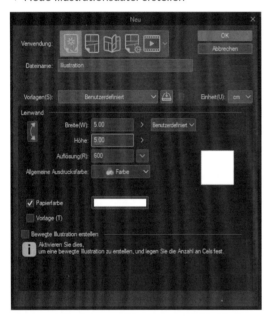

Erstelle dir im ersten Schritt mit Datei|Neu eine neue Illustrationsdatei. Du kannst das Format frei wählen. Ich nutze am liebsten quadratische Formate, um eine gleichmäßige Wiederholbarkeit zu erreichen. Doch das ist kein Muss. Probier dich einfach aus. Der Fantasie sind

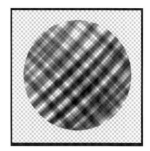

hier keine Grenzen gesetzt. Zeichne einfach ein Muster oder Texturen auf deine Vorlage. Stell dann die Papierebene auf unsichtbar, indem du auf das Auge links neben der Ebene klickst, sodass nur die Transparenzebene sichtbar ist.

Wenn du mit allem zufrieden bist, gehe in den Reiter Bearbeiten und wähle im Dropdown-Menü Material registrieren.

Es öffnet sich ein weiteres Drop-down-Menü, in dem du die Schaltfläche Bild anklickst. Jetzt öffnet sich das Fenster Materialeigenschaften. Hier kannst du deinem Material einen neuen Namen geben und einstellen, wofür du es verwenden willst. Setze einen Haken bei Für Pinselspitzenformen nutzen, lege einen Speicherort fest und bestätige alles mit einem Klick auf OK.

▼ Fenster Materialeigenschaften

Damit sind wir aber noch nicht fertig. Um deine neue Pinselspitze nun auch tatsächlich nutzen zu können, musst du die Pinsel-Sub-Tools öffnen, indem du in der Werkzeugleiste auf das Pen-, Bleistift- oder Pinsel-Icon klickst.

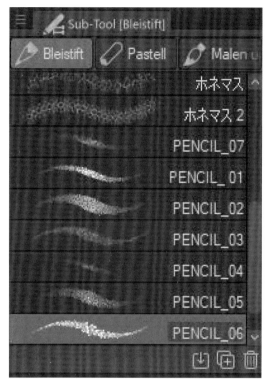

▲ Die Bleistift-Sub-Tools

Wähle im für deine neue Pinselspitze passenden Sub-Tool-Bereich (z.B. Bleistift) eine beliebige Vorlage und klicke auf Ausgewähltes Sub-Tool kopieren.

Es öffnet sich ein Fenster, in dem du die Kopie neu benennen kannst. Verwende hier den Namen deines neuen Pinsels und bestätige alles mit OK.

▲ Dem Pinsel einen Namen geben

▼ Als Standard festgelegte Tooleigenschaften

Wechsle nun zum Tooleigenschaften-Fenster und klicke unten auf die Schaltfläche mit dem Schraubenschlüssel-Symbol, um in das Untermenü Sub-Tool Details zu gelangen. Dort wählst du in der linken Liste den Menüpunkt Pinselspitze.

▲ Das Pinselspitze-Menü in den Sub-Tool-Details

73

▲ Pinselspitzenform

 Im Menüpunkt Pinselspitze musst du nun Material auswählen und Pinselspitzenform hinzufügen anklicken.

Daraufhin öffnet sich das Fenster Pinselspitzenform auswählen, wo du über die Suchleiste oben links deine erstellte Vorlage suchen kannst. Da hier immer viele Vorlagen zu finden sind, ist es wichtig, dass du dein Material zuvor eindeutig benannt hast, um es jetzt schnell zu finden.

▲ Auswahlfenster für Pinselform

Wähle jetzt dein Material aus und bestätige mit OK, um es der Materialliste hinzuzufügen.

▲ Neuer Pinsel in der Materialliste

Jetzt kannst du noch alle anderen Vorlagen herauslöschen, indem du erst auf das ungewünschte Bild klickst und dann den Mülleimer auswählst.

Danach kannst du noch in den weiteren Einstellungen im Menü Sub-Tool Details ein bisschen ausprobieren, was den Look deines Pinsels unterstützen könnte. Wenn du mit allen Einstellungen zufrieden bist, bestätigst du alles mit Alle Einstellungen als Standardeinstellungen speichern.

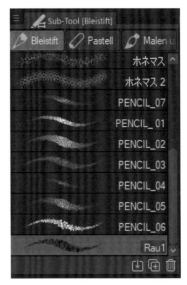

Ab jetzt ist dein neuer Pinsel fest in deiner Toolbar zu finden und kann auch nach dem Beenden und Neustarten wiedergefunden und verwendet werden.

Ein Beispiel für ein Bild, das mit einem individuellen Pinsel gezeichnet wurde, findest du auf der nächsten Seite.

▲ Neuer Pinsel im Sub-Tool (Bleistift) ist angelegt.

Rau1

Tooleigenschaften [Rau1]

Pinselgröße 33.4

✓ Farbmischung

Menge an Farbe 100
Farbdichte 100
Farbausdehnung 58
Weichzeichen-Intensität

0.9
Mit Sub-Farbe mischen 0

Härte
Pinseldichte 100

Hervorheben und Schattieren mit dem Airbrushtool

Das vierte Icon im Bereich Zeichnen der Toolbar steht für Sprühdosenfarbe und Airbrush. Der Standard umfasst hier auch Spitzen, die partielle Farbkorrekturen zulassen. Durch Funktionen wie Hervorheben und Schlagschatten können Effekte erzielt werden, die ansonsten nur über die Ebeneneinstellungen zu erreichen sind.

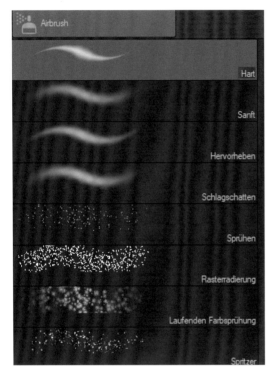

Möchtest du schnell Schatten und Licht in ein Bild einfügen, ist es mit der Farbkorrektur über die Airbrushpinsel Hervorheben und Schlagschatten ganz einfach, diese Effekte zu erzeugen.

Wähle als Erstes die Ebene aus, die du mit diesem Tool bearbeiten willst. Behalte die Hauptfarbe deines Pinsels bei. (Ich verändere die Farbe bei keinem Schritt, nur das Werkzeug verändert sich.) Vergiss nicht, deine transparenten Pixel, wie in Abschnitt 4.1 unter »Transparente Pixel sperren« erklärt, festzustellen.

Wähle im Airbrush-Bereich das Tool Schlagschatten aus und gehe damit mehrfach über die Fläche, die du einfärben willst. Wiederhole diesen Arbeitsschritt so lange, bis du den gewünschten Farbgrad erreicht hast.

In diesem Bild sind alle Schatten mit weicher Kante unter der Benutzung der vorgestellten Tools entstanden. Gerade bei hellen Hautfarben muss man hier sehr aufpassen, dass die Farbe nicht zu schnell zu dunkel wirkt.

In Verbindung mit einzelnen Schattierungen mit harten Kanten behält das Bild seine Comic-hafte Ausstrahlung, die noch zusätzlich durch farblich angepasste Outlines unterstützt wird.

Ein besonders schöner Effekt entsteht, wenn man die Airbrush-Tools Hervorheben und Schattieren in Kombination mit der Ebeneneigenschaft Multiplizieren anwendet und somit die schattierte Transparenz, wie im Schleicher und dem halbdurchsichtigen Rock zu sehen, entsteht.

5.4 Dekoration

Unter den verschiedenen Arten von Zeichenwerkzeugen befinden sich die Effektpinsel, in der deutschen Übersetzung des Programms Dekoration genannt, eingebettet hinter dem Button mit zwei Sternen:

Hier findest du viele vorgefertigte Effekte, Schraffuren und nützliche Stempel. Diese sind besonders im Bereich der Comic- und Manga-Kunst, aber auch beim Erstellen von Storyboards hilfreich und ersparen dir eine Menge Zeit.

Auch in diesem Bereich hast du wieder die Möglichkeit, dein Material selbst zu erstellen oder mit Download-Content aufzufüllen.

Die Abbildung hier zeigt, wie dieses Sub-Tool ursprünglich aussieht. Wenn du viel mit dem Programm im Comicbereich arbeitest, wird deine Materialsammlung automatisch wachsen.

Im weiteren Verlauf dieses Abschnitts wird die Sidebar anders aussehen, da ich in diesem Bereich in den letzten Jahren wirklich viele Materialien hinzugefügt habe.

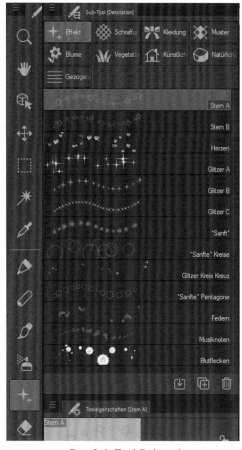

▲ Das Sub-Tool *Dekoration*

Hinweis

Ein Problem von Comic- und Manga-Künstlern ist in vielen Fällen Zeitdruck. Wir investieren viel Zeit, um ein Panel oder eine Seite zu zeichnen, die von den Lesern im Durchschnitt nur 20 Sekunden lang betrachtet wird. Aus diesem Grund suchen viele deutsche Comic- und Manga-Künstler Möglichkeiten, beim Zeichnen Zeit zu sparen. Damit das nicht auf Kosten der Qualität geht, behelfen sich die meisten mit 3D-Animationen und Stempeln, um wiederkehrende Grafiken nicht immer und immer wieder zeichnen zu müssen. Dieses Hilfsmittel hat keinesfalls etwas mit zu wenig Können zu tun, wie manch böse Lästerzungen in Social Media behaupten. Es geht darum, in einer annehmbaren Zeit eine Geschichte mit qualitativ hochwertigem Look zu erstellen. Denn, sei ehrlich, wer will schon jahrelang auf die Fortsetzung seiner Lieblingsstory warten?

▲ Mit Stempeln überladene Zeichnung

Auch wenn du theoretisch ein ganzes Bild ausschließlich mit Stempel und Effekten füllen könntest, empfehle ich dir, es nicht zu tun.

1. Es ist dann nicht mehr dein Stil und
2. du überfrachtest das Bild leicht mit Details.

Dezenter Einsatz ist hier das Zauberwort. Weniger ist manchmal mehr. Im Bild oben wurde eindeutig übertrieben. Es besteht komplett aus Stempeln und ist damit überladen. Außerdem hat es nichts von meinem eigenen Stil.

Bei dem Beispiel rechts sind die Effekte nur sparsam eingesetzt und man sieht meinen eigenen Stil sehr gut.

Verwendete Schraffuren:

▲ Effektpinsel unterstützen den eigenen Zeichenstil.

Neue Ordner anlegen

In kaum einem anderen Sub-Tool habe ich mit der Zeit so viele neue Ordner anlegen müssen wie in diesem. Daher erkläre ich dir hier die Schritte zum Anlegen eines neuen Sub-Tool-Ordners. Natürlich lassen sich die Schritte auch in jedem anderen Teil der Toolbar anwenden.

In meinem Beispiel starte ich wieder mit einem neu erstellten Pinsel, der in die Effekte eingepasst werden soll. Es handelt sich hierbei um eine Felltextur.

Dafür habe ich noch keinen eigenen Ordner, doch so richtig passt er nicht in einen der bereits vorhandenen Bereiche. Also lege ich ihn zunächst im Ordner Natürliches ab.

▲ Neuer Pinsel im Ordner *Natürliches* des Effekt-Sub-Tools

Um jetzt einen neuen Ordner zu erstellen, musst du diesen Pinsel aus dem Ordner heraus via Drag&Drop neben die Ordner ziehen, bis ein roter Strich erscheint.

Vorsicht

Wenn du mit der Maus auf einem der Ordner stehen bleibst, verschiebst du den Pinsel nur in einen anderen Ordner, statt einen neuen zu erstellen. Das kann beim ersten Versuch ein bisschen tricky sein, vor allem, wenn man auf einem Tablet mit relativ kleinem Bildschirm arbeitet.

Es erscheint nun ein neuer Ordner in der Liste, der genau wie dein Pinsel bezeichnet ist. Mit einem Rechtsklick auf den Ordner kommst du wieder in die Eigenschaften und kannst den Ordner umbenennen.

Schon hast du einen neuen Sub-Tool-Ordner erstellt, den du mit deinen Materialien füllen kannst.

5.5 Blenden und Radieren

Eine wundervolle Eigenschaft digitaler Malerei ist das rückstandslose Radieren. Egal wie oft du dich selbst korrigierst, dein Papier wird nie dünner, knickt, geht kaputt oder deine alte Zeichnung ist auch nach dem Radieren noch zu sehen.

 Blendwerkzeuge

Die Blendtools verblenden, wie der Name schon sagt, bereits vorhandene Farben auf deiner Leinwand. Du kannst es dir vorstellen wie bei der Ölmalerei. Die Farbe ist noch lange feucht und kann immer wieder vermischt und verstrichen werden.

Auf diese Weise funktionieren auch die Blendtools. Farbige Pixel werden mithilfe der verschiedenen Pinsel mehr oder weniger verschoben und farblich mit den Nachbarpixeln vermischt.

Dabei wirken die ersten drei Spitzen Überblenden, Weichzeichnungsfilter und Fingerspitze ähnlich wie in der Fotobearbeitung.

Die letzten beiden, Verlaufende Farbe auf Fasern und Sanfte Wasserfarbe, sollen einen malerischen Look simulieren.

Beispiele für die Effekte, die du mit den unterschiedlichen Blendwerkzeugen kreieren kannst, findest du auf der nächsten Seite.

In den Tooleigenschaften können Eigenschaften wie Deckkraft, Farbausdehnung und Härte individuell eingestellt werden. Damit entscheidest du, wie stark oder auch schwach die Überblendung in deinem Bild oder auch nur Teilen des Bildes ausgeprägt sein soll.

Diese Arbeitsweise ist nicht für die Anwendung auf das gesamte Werk geeignet.

▲ Tooleigenschaften der Blendwerkzeuge

Möchtest du allerdings beispielsweise nur dem Vordergrund des Bildes einen weichen, verschwommenen Look geben, um den Fokus auf den Hintergrund oder die Mitte zu legen, kannst du dieses Werkzeug wunderbar einsetzen.

Für eine Anwendung auf das gesamte Bild empfehle ich dir, über den Reiter Filter und die Weichzeichnungsfilter zu gehen. Diese werden dann automatisch über die gesamte Arbeitsfläche gelegt.

Möchtest du den Effekt nur auf einen Teil des Bildes anwenden, ist es leichter, mit den Blendwerkzeugen zu arbeiten.

Links siehst du nur die Werkzeuge, die Clip Studio Paint standardmäßig mitbringt. Auch diese kannst du wie alle anderen Tools und Pinsel über Clip Studio Assets und die Community erweitern. Mittlerweile haben sich Künstler zum Beispiel sehr schöne Blendwerkzeuge einfallen lassen, mit denen du Leinenstrukturen oder auch Aquarell-verläufe täuschend echt erscheinen lassen kannst, und das ganz ohne die Gefahr, dein Wasserglas über der ganzen Arbeitsfläche zu verschütten.

Für die Anwendung der links stehenden Werkzeuge findest du ein Video unter dem QR-Code, in dem du sehen kannst, wie stark die Pinselgröße des Blendwerkzeugs den Verlauf und die Stärke des Effekts beein-flusst.

▶ Video-Tutorial auf Seite 209.

Kopierstempel

Auch wenn der Kopierstempel mit bei den Sub-Tools der Blendwerkzeuge zu finden ist, möchte ich ihn dir noch einmal einzeln vorstellen.

Wie der Name schon sagt, kopiert der Kopierstempel bereits bearbeitete Teile deines Bildes, um sie an anderer Stelle wiederzugeben. Im Beispiel siehst du, dass der gesamte Ebenen-Inhalt übertragen wird.

Um einen Bereich aufzunehmen, musst du die [Alt]-Taste gedrückt halten (oder in den Tooleigenschaften den Haken bei Modus für Angabe der Referenzposition setzen) und dann mit deinem Zeichenstift auf den Bereich tippen. Es erscheint ein Kreis mit einem kleinen +-Symbol.

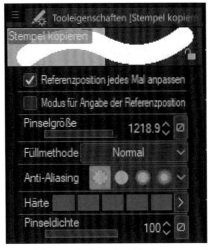

▲ Tooleigenschaften des Kopierstempels

Danach kannst du die [Alt]-Taste wieder loslassen (oder den Haken entfernen) und normal auf deiner Arbeitsfläche weiter malen. Der aufgenommene Bereich erscheint nun auf deinem Bild.

Vorsicht

Der Kopierpinsel geht immer von dem Punkt aus, an dem du das Bild aufgenommen hast (Ankerpunkt). Er setzt diesen Punkt als Ursprung an und greift auf die Ebene zurück, auf der du diesen gesetzt hast.

Hast du den Haken bei Referenzposition jedes Mal anpassen gesetzt, wird der Ausgangspunkt immer in Relation zu deinem Pinsel neu berechnet.

Wenn du den Haken jedoch entfernst, wird die Referenz immer dein Ankerpunkt sein, egal wo du deinen Pinsel hinbewegst.

Radieren

Mit dem Radiergummi-Tool kannst du farbige Pixel wieder von deiner Arbeitsfläche löschen. Wie auch bei den Pinseln gibt es hier verschiedene Spitzen, mit denen du präzise arbeiten kannst.

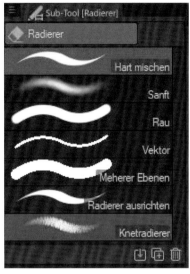

▲ Tooleigenschaften des Radierers

Hart mischen, Sanft, Rau und Knetradierer beziehen sich auf die Textur des Radierers.

Vektorradierer bezieht sich auf Vektorebenen, die sich anders verhalten als Pixelebenen. Mehr dazu erfährst du in Abschnitt 7.3 »Monochrom versus Graustufen«.

Der Radierer Mehrere Ebenen löscht ebenenübergreifend, alles was in einem Bereich deiner Arbeitsfläche zu sehen ist, bis nur noch die Papierfarbe sichtbar ist. Diese ist standardmäßig gesperrt und kann nur gelöscht werden, wenn mindestens noch eine andere Ebene vorhanden ist.

 Tipp

Du kannst nicht nur mit dem Radiergummi Pixel entfernen. Aus jedem beliebigen Pinsel kannst du einen Radierer machen und damit auch Aquarell-, Öl- oder andere Strukturen für deinen Radiergummi simulieren, um ihn an den Gesamtlook deiner Bilder anzupassen. Das funktioniert, indem du als Farbe transparente Pixel auswählst und diese dann mit jeder beliebigen Pinselform verwendest.

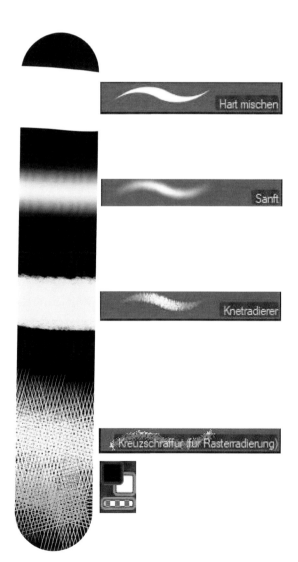

▶ Verschiedene Abriebarten der vorinstallierten Radierer

Man kann den Radiergummi auch als Werkzeug zum Zeichnen einsetzen und damit
einen ganz eigenen Look kreieren wie in
diesen Beispielen.

5.6 Füllen und Verläufe

Füllmethoden

Unter dem Radier-Tool findet sich in der Tool-Leiste das Füllen-Werkzeug. Es kommt mit verschiedenen praktischen Varianten.

 Mit dem Fülleimer kannst du Flächen mit nur einem Klick ausfüllen. Die Füllarten geben dabei an, wie ausgefüllt werden soll. Du kannst zwischen vier verschiedenen Voreinstellungen wählen:

1. Nur zu bearbeiteter Ebene verweise

2. Auf andere Ebene beziehen

3. Schließen und Füllen

4. Ungefüllte Bereiche ausmalen

Mit den Sub-Tooleigenschaften kannst du aber auch alles individuell einstellen und bist nicht auf die Vorgaben festgelegt. Die wichtigste Funktion in diesem Untermenü ist dabei Lücken schließen.

Lücken schließen

Um beim Füllen weiße Ränder zwischen Lineart und Füllfarbe zu vermeiden, solltest du vor Beginn überprüfen, ob die Option Lücken schließen aktiviert ist und die Flächengröße ausreichend hoch eingestellt wurde.

▲ Sub-Tool *Flächen füllen*

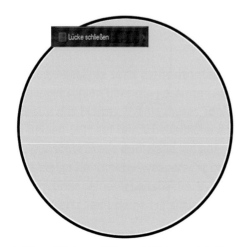

▲ Ohne Flächengröße und Lücken schließen

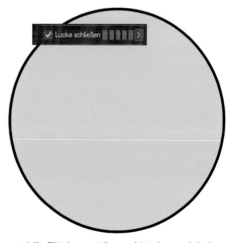

▲ Mit Flächengröße und Lücken schließen

Mithilfe der Flächengröße kannst du einstellen, inwieweit sich deine Füllfarbe mit deinem Lineart überlappt. Damit vermeidest du weiße Ränder zwischen Farbe und Lineart, die besonders bei starkem Anti-Aliasing auftreten.

Anti-Aliasing sorgt auf Pixelebenen für einen sanften Übergang und weiche Ränder. Es simuliert außerdem, wie stark du mit dem Stift aufdrückst. Es ist also sehr hilfreich, um dein Bild weich und malerisch wirken zu lassen. Bei dem Füllen von Flächen jedoch ist es hinderlich, da das Füllwerkzeug nur zwischen Farbwerten und Transparenz unterscheiden kann. So hört die Farbe für unser Auge scheinbar schon vor dem Lineart bzw. der nächsten Farbe auf.

Wenn du Lücken schließen aktiviert hast und die Flächengröße einstellst, musst du darauf achten, dass die Flächengröße maximal die Hälfte der Liniendicke deiner Outlines beträgt, da es sonst durch Berechnungsfehler zu dem sogenannten Ausbluten kommt, das du vielleicht vom Arbeiten mit Alkoholmarkern oder Aquarellfarben kennst.

So sieht es bei einer zu breit gewählten Flächengröße aus, also hättest du über den Rand gemalt.

Wichtig

Alles hat seine Grenzen! Die Lücken zwischen den Linien sollten nicht zu groß sein, sonst können sie nicht mehr vom Programm erkannt und geschlossen werden. Sollte das passieren, färbst du dein gesamtes Bild mit deiner Füllfarbe ein.

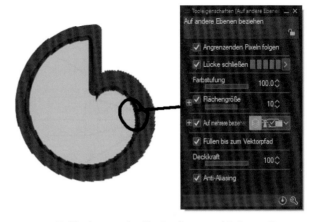

▲ Füllfarbe ragt in die Outlines und füllt so die Fläche vollständig.

Die Funktion Lücken schließen sorgt außerdem dafür, dass Linearts, die nicht vollständig umschlossen sind, dennoch bis zu dem vorgeschriebenen Rand gefüllt werden.

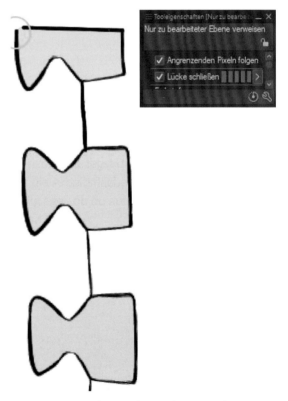

▲ Kleine Lücken in den Outlines werden mit *Lücken schließen* ignoriert.

Schließen und Füllen

Eine weitere nützliche Funktion ist das Füllen und Schließen. Mit ihr kannst du mehrere kleine, geschlossene Flächen füllen, die die gleiche Farbe bekommen sollen.

Dafür erstellst du eine Lineart-Ebene, die du als Referenzebene festlegst (siehe dazu Abschnitt 4.1). Darunter legst du eine neue Ebene für die Füllfarbe an und wählst diese aus. Nun nutzt du Schließen und Füllen aus den Subtools des Füllen-Werkzeugs.

Achte darauf, dass in den Tooleigenschaften unter dem Punkt Auf mehrere Ebenen beziehen das Referenzebenen-Symbol ausgewählt ist.

Nun umkreist du grob dein Lineart und das Tool füllt die in sich geschlossenen Flächen selbstständig und lückenlos.

Der Vorteil im Vergleich zum regulären Fülleimer ist, dass du nur einen Klick brauchst, um mehrere Flächen zu füllen. Außerdem würden beim regulären Fülleimer manchmal auch weiße Flächen zurückbleiben.

Ungefüllten Bereich ausmalen

Mit dieser Funktion kannst du kleine weiße Flecken, die beim Füllen vergessen wurden, noch nachtragen.

Dieses Tool kannst du wie einen Pinsel einsetzen und damit präzise nacharbeiten. Die abgedeckte Fläche erscheint dabei zunächst in einem transparenten Grün und zeigt dir an, welche Stellen du übermalt hast. Sobald du den Stift absetzt, verschwindet die Farbe und die noch freien Stellen werden automatisch mit einer Farbe aus der benachbarten Farbfläche gefüllt.

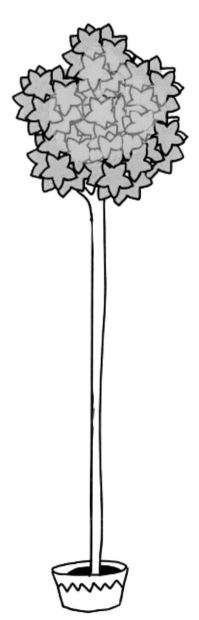

Verlaufsanwendung

Direkt unter dem Fülleimer in deiner Toolbar befindet sich ein weiteres Füllwerkzeug: das Verlauf-Tool. Hier kannst du verschiedene Verläufe für deine Bilder generieren.

Prinzipiell ist zu sagen, dass die rote Farbe in deiner Farbverlaufsliste nur stellvertretend für alle anderen Farben des Farbrads steht und nicht automatisch gesetzt ist.

Um die Verläufe anzuwenden, wähle zunächst eine Verlaufsart aus. Bewege deinen Mauszeiger nun auf deine Arbeitsfläche, setze deinen Grafikstift auf und ziehe in eine Richtung deiner Wahl. Je weiter du deinen Stift ziehst, desto größer und weicher wird der Verlauf. Sobald du deinen Stift absetzt, erscheint dein Verlauf in der von dir vorgegebenen Richtung und Ausdehnung.

In den Tooleigenschaften hast du die Möglichkeit, deine Verläufe vor der Anwendung noch zu verändern und deinen individuellen Wünschen anzupassen.

Hier kann man beispielsweise die Form des Verlaufs oder auch die Randprozesse, also die Wiederholung eines Verlaufs, einstellen.

▲ Eigenschaften des Verlauf-Tools

Die Verlaufsfarbe wird bei den ersten fünf Verlaufsformen aus der aktuell gewählten Primär- und Sekundärfarbe bezogen. Diese kannst du über das Farbrad oder die anderen Farbpaletten auswählen, wie es in Kapitel 2 »Farben« beschrieben ist.

Erweiterte Einstellungen

Über den Button Erweiterte Einstellungen, der sich direkt unter den Miniaturverlauf in den Tooleigenschaften befindet, gelangst du in ein Menü, in dem du weitere Verläufe laden, anwenden und speichern kannst.

Du findest ihn im Tooleigenschaftsfenster, wenn du auf das kleine + vor dem Verlaufsvorschaubalken klickst. Wenn du Verlaufs

sets aus der Community herunterlädst, kannst du sie hier hinzufügen.

Auch die vorinstallierten Verlaufssets für Düstere Schatten, Himmel und Effekte findest du hier noch einmal im Detail.

Klicke dafür zuerst auf Erweitere Einstellungen und dann in dem sich öffnenden Fenster Verlauf bearbeiten auf den Button im Feld Verlaufsset, um die verschiedenen Sets zu sehen.

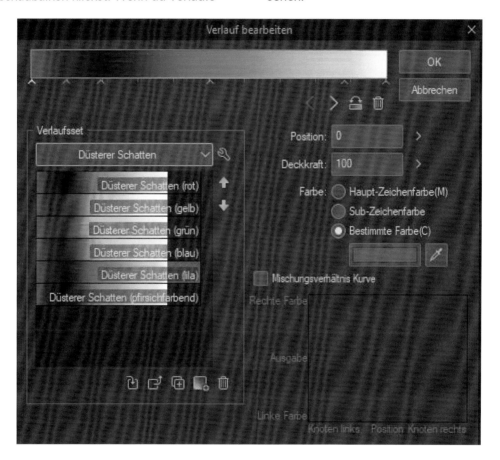

Mit einem Klick auf den Schraubenschlüssel im Bereich Verlaufsset lassen sich auch neue Sets anlegen und vorhandene Sets duplizieren oder bearbeiten.

Hier kannst du den Verlauf außerdem im Seitenverhältnis umkehren und mit den kleinen Pfeilen unten die einzelnen Abschnitte des Verlaufs vergrößern oder verkleinern.

Konturenverlauffüllung

Neben den normalen Verläufen gibt es noch den Reiter Konturenverlauffüllung im Verlauf-Sub-Tool. Mithilfe dieses Tools ist es möglich, dynamische Verläufe zu erstellen, die nicht einem vorgegebenen *Randprozess* folgen, sondern sich frei deinen vorgegebenen Konturenlinien anpassen.

In meinem Beispiel zeige ich dir das an einem Pentagon (siehe Abbildung unten).

Zeichne als Erstes diese oder eine andere Form. Wichtig ist, dass die Kontur geschlossen ist und dein Zeichentool auf Anti-Aliasing hart steht. Dies ist deine Lineart-Ebene.

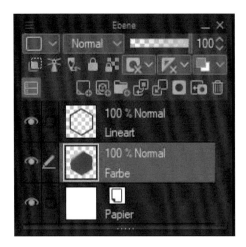

Lege darunter eine zweite Ebene an, die für die Farben vorgesehen ist. Auf dieser Ebene arbeitest du weiter und fügst farbige Linien wie im Beispiel unten ein.

Wähle in den Sub-Tool-Eigenschaften Konturenverlauffüllung Normal und stelle die Farbstufen auf 100. Klicke nun zwischen die beiden ersten Farben in der Arbeitsfläche.

Es entsteht ein Verlauf von der ersten zur zweiten farbigen Linie, aber nicht über den Rand der zuvor erstellten Form hinaus. Wiederhole das Klicken zwischen den anderen farbigen Linien und es entsteht ein individueller Verlauf, der sich den Bewegungen deiner Linien anpasst.

Wichtig

Damit diese Fülltechnik funktioniert, müssen sowohl die Form als auch der Pinsel, mit dem die farbigen Linien gezogen werden, unbedingt in den Tooleigenschaften Anti-Aliasing auf ganz hart (im Bild blau unterlegt) gesetzt werden.

▼ So entsteht der Verlauf.

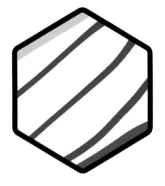

 Video-Tutorial auf Seite 209.

Verlaufsvorlagen speichern

Wie bereits erwähnt, kannst du auch deine eigenen Verlaufsentwürfe speichern und ein neues Set erstellen.

Klicke dafür im Tooleigenschaftsfenster auf das kleine + vor dem Verlaufsvorschaubalken und dann auf Erweiterte Eigenschaften, um in die Verlaufsbearbeitung zu gelangen.

Hier kannst du im Feld Verlaufsset den Schraubenschlüssel anklicken und Neues Set erstellen auswählen.

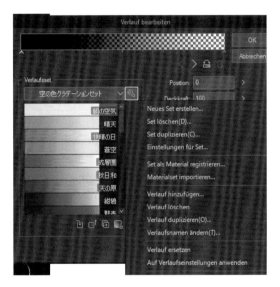

Es erscheint ein Fenster, in dem du deinem neuen Set einen Namen geben kannst.

Nachdem du mit OK bestätigt hast, erscheint eine leere Liste im Fenster Verlaufsets, die du nun mit deinen Verläufen füllen kannst. Dafür musst du zunächst einen Verlauf in deinem Vorschaubalken erstellen.

Ich habe mir zuvor bereits einen Verlauf angelegt, der mir gefällt. Du kannst deine Basisfarben aber auch aus Fotos oder Farbräumen erstellen.

Setze nun unterhalb des Verlaufsvorschaubalkens kleine Pfeile, indem du auf die Stellen klickst. Du bestimmst damit, wie viele Abstufungen dein Verlauf haben soll.

Mit dem Pipetten-Werkzeug, das du neben dem Feld Verlaufsset findest, kannst du aus deinen Bildern die Farben extrahieren, die dein Verlauf haben soll.

Klicke dafür zuerst einen der Pfeile unter dem Vorschaubalken an, um ihn auszuwählen. Nimm dann mit der Pipette deine gewünschte Farbe auf.

Du kannst außerdem noch die Deckkraft einstellen und die Position deiner Verlaufsmarker (die kleinen Pfeile unter der Verlaufsvorschau) verändern.

Wenn du mit deinen Einstellungen zufrieden bist, kannst du deinen Verlauf im neuen Verlaufsset speichern.

Nutze dafür das kleine Verlaufssymbol mit dem +, das unter den Verlaufssets zu finden ist.

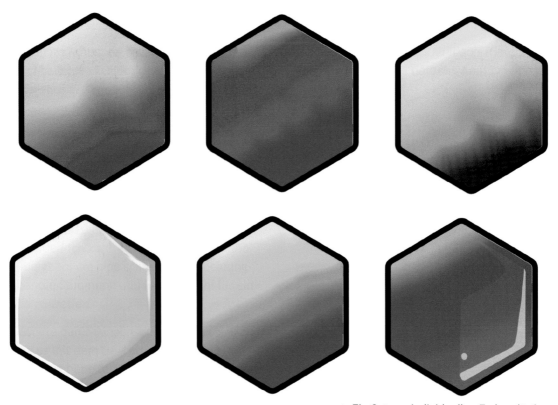

▲ Ein Set aus individuellen Farbverläufen

Wenn du alle Verläufe erstellt hast, die du brauchst, darfst du nicht vergessen, am Ende auf OK zu klicken. Andernfalls speichert das Programm den Verlauf nur temporär für eine Anwendung.

Bist du zufrieden mit deinem Ergebnis, kannst du es nun auch als Material spei-

chern, indem du wieder über das Schraubenschlüsselsymbol gehst. Jetzt ist es auch möglich, deine Verläufe über Clip Studio Assets mit der Community zu teilen. Das geht, indem du den Schritten in Abschnitt 3.4 »Export von Material« folgst.

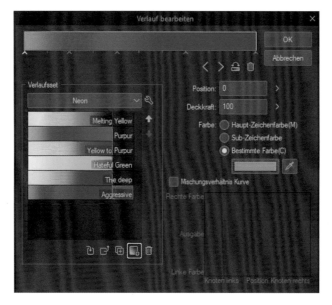

◄ Fertiges Verlaufsset

Verlaufsumsetzung als Kolorationsmethode

Hier kommt noch ein Tipp, wenn du mit verschiedenen Verläufen experimentieren willst.

Du kannst dich nicht so richtig entscheiden, in welcher Farbstimmung ein Bild dargestellt werden soll? Kein Problem. Mit der sogenannten *Farbverlaufsumsetzung* kannst du ausprobieren, ohne dich von Anfang an festlegen zu müssen oder dein Bild mehrmals neu kolorieren zu müssen.

Beginne mit einem Bild, das du nur in Graustufen zeichnest. Achte darauf, schon hier deutlich mit tiefen Schatten und Lichtern zu arbeiten. Das ist wichtig, damit die Farbverlaufsumsetzung am Ende gut funktioniert.

Auf deiner Ebenen-Ansicht ist nun eine neue Ebene mit dem Verlauf und einer Maske entstanden.

Wähle diese Ebene an und ziehe sie direkt über deine Graustufenebene. Verwende dann den Button Schnittmaske auf Ebene darunter, wie in Abschnitt 4.1 »Das Ebenenfenster« zu sehen, und der Hintergrund wird wieder weiß.

Wähle als Nächstes oben in der Menüleiste von Clip Studio Paint im Reiter Ebenen die Korrekturebenen und dann Verlaufsanwendung aus.

Entscheide dich für einen Verlauf aus deinen Sets oder lege dir einen neuen Verlauf an und bestätige mit OK.

Der Verlauf wird nun auf die gesamte Seite angewendet.

 Video-Tutorial
auf Seite 209.

Wie du siehst: Klein-Tesla ist nicht mit allen Farbverläufen einverstanden. Mit ein biss-chen Herumprobieren findest du aber eine Anwendung, die zu der Stimmung in deinem Bild und deinen Charakteren gut passt.

Wenn du mehrere Verlaufsanwendungen auf einem Blatt vornehmen willst, kannst du das mit der Hilfe von Ebenenmasken, wie in Abschnitt 4.2 beschrieben, tun.

Hinweis

Die Verlaufsumsetzung verwendet die Graustufen im Bild als Verlaufs-referenz. Die hellen Stellen werden mit der rechten Seite deiner Ver-laufsvorschau gleichgesetzt und die dunklen mit der linken.

5.7 Linien und Formen

Gerade Linien und sich wiederholende Formen können einem Zeichner den letzten Nerv kosten. Mit diesen Tools wirst du damit nie wieder Probleme bekommen.

Unter dem Button Figur in der Toolbar findest du verschiedene Linienarten und Formen, mit denen du schnell gleichmäßige Linien erzeugen kannst.

Linien

Die Linien verhalten sich beim Erstellen wie Vektoren, werden aber beim Abschluss der Konstruktionsphase auf Pixelebenen in Pixellinien umgewandelt.

Die Ankerpunkte verschwinden anders als bei Vektoren nach dem Fertigstellen deiner Linie wieder und lassen sich auch nicht mehr im Nachhinein verändern.

In den Sub-Tool-Eigenschaften kannst du Stärke, Deckkraft und Anti-Aliasing deiner Linien einstellen. Außerdem kannst du verschiedene Pinselformen auswählen.

Zur Auswahl stehen dieselben Pinselspitzen, die du schon aus anderen Sub-Tools kennst.

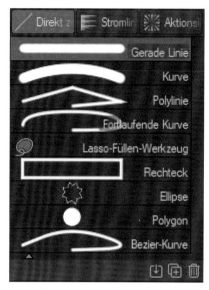

▲ Erster Reiter *Linien* unter den Button *Figuren*

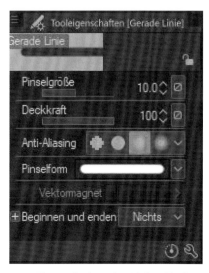

▲ Eigenschaften des Linien-Tools

▲ Linien und Formen der Tools

Eigene Pinselformen hinzufügen

Sollte dir die Auswahl der Pinselformen nicht ausreichen, hier ein kleiner Tipp:

1. Klicke auf den kleinen Schraubenschlüssel unten rechts in den Sub-Tool-Eigenschaften des Linien-Tools (Abbildung rechts).

2. Klicke auf Pinselspitzen und wie beim Erstellen eines neuen Pinsels auf das kleine Blattsymbol mit dem + unter der Materialvorschau.

3. Wähle dann aus dem Pinselmenü eine neue Pinselspitze aus und entferne die alte aus der Vorschauleiste.

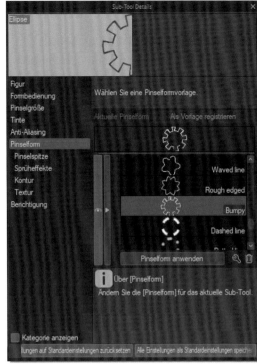

4. Wechsle dann in der Schaltfläche auf der linken Seite in Pinselform. Jetzt müsste in der Vorschau dein neuer Pinsel zu sehen sein und der Button Als Vorlage registrieren sollte sich anklicken lassen.

5. Klicke auf Als Vorlage registrieren und danach noch einmal auf den Schraubenschlüssel, um deinen Pinsel umzubenennen.

6. Der Pinsel ist jetzt für das Figuren-Tool registriert und kann auf jede Form angewendet werden.

Stromlinien

Neben den allgemeinen Formen findest du im Sub-Tool der Linien noch den Reiter Stromlinien. Dieser Reiter wird wichtig, wenn du in deinen Comic oder Manga Atmosphäre zaubern möchtest. Mit Stromlinien kannst du Bewegungen darstellen, Regen erzeugen oder auch den Fokus eines Bildes verändern.

Die Tools funktionieren in etwa wie frei steuerbare Rasterebenen. Sie orientieren sich an Vektoren, die die Verteilung der Linien steuern. Wenn du Stromlinien einführst, erstellen sich die Vektoren automatisch. Du kannst sie mit dem Tool Objekt aus der Toolbar weiterbearbeiten und verformen.

Zu Beginn braucht es ein bisschen Fingerspitzengefühl und Übung, um mit diesen Tools sicher umzugehen. Die Effekte sprechen jedoch für sich.

In den Eigenschaften kannst du Größe, Lücken und Winkel einstellen. Außerdem kannst du, anders als bei den Formen, diese Ebenen nachträglich immer noch mit dem Objekt bearbeiten-Werkzeug anpassen und verändern.

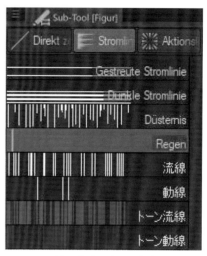

▲ Der Reiter *Stromlinien*

Aktionslinien

Wie auch die Stromlinien sind die Aktions-linien besonders im Comic und Manga wichtig, um Stimmungen und Bewegungen zu erzeugen. Doch während die Stromlinien besonders für ruhige und atmosphärische Stimmungen genutzt werden, sind die Aktionslinien, wie der Name schon sagt, für dynamische Linien und schnelle Bewegungen gedacht.

Zusätzlich lassen sich Funktionen wie Platzen auch gut für die Darstellung von Energie verwenden.

Anwendbar sind sowohl die Stromlinien als auch die Aktionslinien in allen Farben als auch auf Rasterebenen, wobei man sie hier nicht auf der Ebene direkt anwenden kann, weil Clip Studio automatisch immer eine neue Vektorebene für diese Linien anlegt. Jedoch kann man sie mittels der Ebenen-Eigenschaft Effekte auf der rechten Seite unter dem Navigator zu Rastern umwandeln und damit auch diese Linien in Rasterlinien transformieren. Das funktioniert auch unab-hängig von der Farbe.

▲ Eigenschaften der Aktionslinien

5.8 Lineale und Perspektiv-Hilfsmittel

Jeder Zeichner kennt die lästige Frage: »Stimmt die Perspektive so?« Wir wenden Unmengen an Zeit dafür auf, die Bilder in die richtige Perspektive zu bringen. Mit den Linealen von Clip Studio Paint bekommst du ein Hilfsmittel an die Hand, Linien gerade und Perspektiven korrekt zu zeichnen, und das auch noch ganz einfach.

 Lineal

Du hast sicher schon gemerkt, dass es nicht ganz einfach ist, auf einem Grafiktablet gerade Linien zu zeichnen, die trotzdem noch natürlich wirken.

Du kannst zwar beim Zeichnen die Feststelltaste gedrückt halten, um gerade Linien zu ziehen, doch diese sehen immer mechanisch und nicht organisch aus.

Zum Konstruieren von Hintergründen kann das durchaus gewollt sein, doch wirken so gezeichnete Bilder oft statisch. Besser wäre es, Freihand zeichnen zu können und dennoch gerade Linien hinzubekommen.

Hier stelle ich dir ein paar wirklich praktische Lineale vor, mit denen du genau das umsetzen kannst.

Mit Linientool erstellte Line:

Mit Lineal und Pinselspitze *Echter Bleistift*:

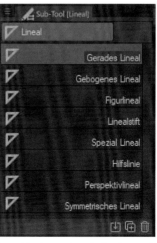

▲ Verschiedene Lineale in den Sub-Tools

101

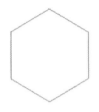  

▲ Verschiedene Lineal-Formen

Lineal-Arten

Mit dem Sub-Tool Gerades Lineal kannst du horizontal und vertikal auf deiner Arbeitsfläche arbeiten. Außerdem gibt es noch das Gebogene Lineal und das Figurlineal, die dir beim Zeichnen von Kurven und geometrischen Formen helfen. Hierbei hast du die Auswahl zwischen Rechteck, Kreis und Polygon.

Die Lineale erscheinen als blass-violette Linien und Formen auf deiner Arbeitsfläche und verbinden sich in deiner Ebenenleiste automatisch mit der aktuellen Ebene, wenn in den Sub-Tool-Eigenschaften ein Haken bei Auf Bearbeitungsebene erstellen gesetzt ist.

Hast du diese Funktion deaktiviert (kein Haken gesetzt), bekommt das Lineal eine neue, eigene Ebene mit dem Namen Lineal.

Mit einem Rechtsklick auf das Lineal-Symbol hinter deiner Ebene kannst du im Drop-down-Menü des Lineals weitere Einstellungen tätigen wie das Ausblenden oder Löschen des Lineals.

Außerdem kannst du auf eine Lineal-Ebene mehrere Lineale legen. Jedoch musst du an der Stelle darauf achten, dass alle Lineale einer Ebene in den Menüpunkten wie eines behandelt werden. Das heißt, wenn du ein Lineal ausblenden möchtest, blendest du alle Lineale der Ebene aus. Aus diesem Grund ist es meist sinnvoller, den Linealen einzelne Ebenen zuzuordnen, wenn sie nicht zusammen agieren sollen.

▶ Video-Tutorial auf Seite 209.

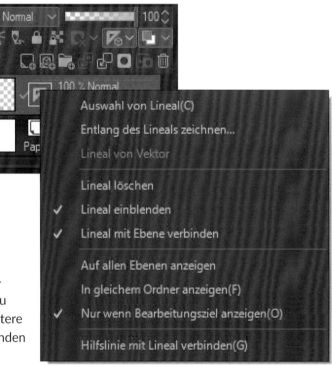

▲ Drop-down-Menü für die Linienanwendung

Spezial-Lineale

Neben den klassischen Linealen hat Clip Studio noch ein paar Lineale, die dir in verschiedenen Situationen das Leben und besonders das Zeichnen erleichtern können.

Der Linealstift erlaubt es dir, ein Lineal frei zu zeichnen und durch die Funktion Nachkorrektur Zitterbewegungen und unerwünschte Wellen zu entfernen.

Das Spezial-Lineal bietet dir eine Auswahl an Wiederholungen wie konzentrische Kreise, Parallellinien und Parallelkurven.

Deine Auswahl kannst du im Tooleigenschaftsfenster unter dem Punkt Spezial-Lineal im Drop-down-Menü treffen.

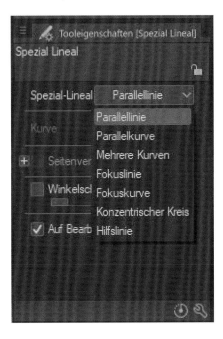

Das Lineal Hilfslinie setzt dir horizontale und vertikale Hilfslinien über die gesamte Länge und Breite des Blattes. Wähle dieses Tool an, setze deinen Stift auf der Arbeitsfläche an die gewünschte Stelle und ziehe ihn aufgesetzt einige Zentimeter waagerecht oder senkrecht über deine Arbeitsfläche. Wenn du absetzt, erscheint deine Hilfslinie.

Symmetrisches Lineal

Ein ganz besonderes Lineal möchte ich noch einmal gesondert benennen. Mit dem symmetrischen Lineal lassen sich ganz individuelle Muster und Mandalas freihand zeichnen. Das Lineal spiegelt seine Achsen symmetrisch, sodass du wiederkehrende Muster nicht umständlich von Hand spiegeln musst, sondern alles in einem Arbeitsschritt erledigen kannst.

Die Anzahl der Spiegelachsen kannst du dabei frei festlegen. Du musst nur aufpassen, dass deine Winkel ab 8 Linien nicht auf 90°, sondern auf 45° Grad gestellt sind. Wird diese Einstellung vergessen, kann das unter Umständen Fehlermeldungen produzieren oder dafür sorgen, dass Lineale sich überlagern.

Perspektiv-Tools

Um dir die Arbeit mit Perspektive zu erleichtern, hast du verschiedene Hilfsmittel zur Auswahl.

Perspektivlineal

Unter den Linealen findest du das Perspektivlineal. Hier kannst du in den Tooleigenschaften verschiedene Einstellungen treffen, die dir bei der Erstellung von Einfluchtpunkt-, Zweifluchtpunkt- und sogar Dreifluchtpunktperspektiven helfen können.

Natürlich kannst du die einzelnen Perspektiven auch selbst mit dem geraden Lineal bilden, leichter und schneller geht es jedoch, wenn du das Perspektivlineal verwendest.

Wähle Fluchtpunktperspektive und schalte im oberen Menü Ansicht das Gitternetz an, um geometrische Formen leichter zeichnen zu können.

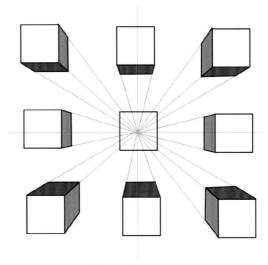

▲ Zentralperspektive

Solange die Lineale oder auch das Gitternetz aktiviert sind, werden sich die Linien, die du zeichnest, automatisch an den Verlauf und den Winkel der Lineale anpassen. Achte deshalb darauf, dass du das Lineal ausschaltest, sobald du es nicht mehr benötigst, um wieder frei zu zeichnen.

Deinen Fluchtpunkt und die Höhe der Horizontlinie legst du mit einem Mausklick auf die Arbeitsfläche selbst fest. Dabei ist es völlig egal, ob du auf oder neben die Leinwand klickst.

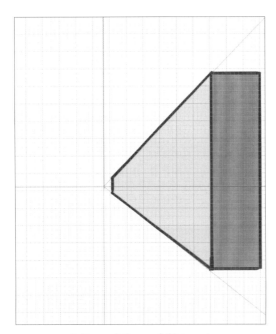

▲ Perspektive und Gitternetz

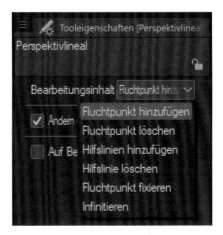

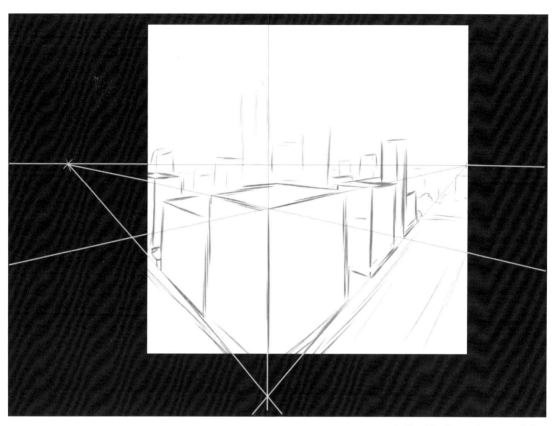

▲ Zweifluchtpunktperspektive

Wenn du Fluchtpunkte anlegst, müssen diese nicht zwangsläufig auf deiner Leinwand liegen. Du kannst sie überall in deiner Arbeitsfläche festlegen und von dort aus deine Hilfslinien in die Leinwand strahlen lassen. Du kannst auch selbst entscheiden, wie viele Fluchtpunkte du in dein Bild einbauen willst.

Die Dreifluchtpunktperspektive beispielsweise kann ohne Hilfslinien schon sehr anspruchsvoll sein. Dafür setzt du drei Fluchtpunkte im Bild und fügst dann über das Drop-down-Menü in den Tooleigenschaften Hilfslinien hinzu. Diese richten sich automatisch an den Fluchtpunkten aus. Nutze so viele Hilfslinien, wie du brauchst. Für eine Hochhauslandschaft zum Beispiel können das schnell sehr viele werden, da jede perspektivisch verzogene Linie eine eigene Hilfslinie braucht. Nun kannst du dein Bild mit den korrekten Perspektiven zeichnen.

▲ Dreifluchtpunktperspektive

Gitternetz

Ein weiteres Hilfsmittel im Umgang mit Perspektive und räumlicher Darstellung ist das Gitternetz. Um Innenräume mit vielen geraden Linien zu zeichnen, eignet es sich besonders gut.

Um das Gitternetz zu aktivieren, klickst du in der Kopfleiste auf den Reiter Ansicht. Es öffnet sich das Drop-down-Menü (Abbildung rechts).

Wenn du jetzt auf Gitternetz klickst, erscheint ein Gitternetz mit den Standardeinstellungen von Clip Studio Paint. Dieses Netz muss aber nicht immer für dich passen, daher ist es ratsam, wenn du es nach der Aktivierung etwas weiter unten bei Gitternetz/Lineal Einstellungen noch anpasst.

Es öffnet sich ein Fenster, in dem du die Ausrichtung und Einteilung deines Gitternetzes einrichten kannst.

Das Zentrum dieses Gitternetzes wird dir in der Auswahl noch mit einem roten X angezeigt. Sobald du deine Einstellungen mit OK bestätigst, verschwindet es (Abbildung unten).

▲ Haken auf Gitternetz

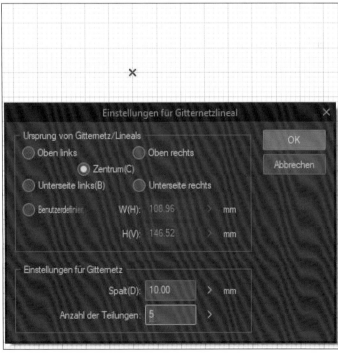

▲ Einstellungen für das Gitternetz

5.9 Besonderheiten in Clip Studio Paint EX

Clip Studio kommt, wie schon eingangs erwähnt, in zwei Varianten: Pro und EX. Hier möchte ich dir die vier wichtigsten Besonderheiten der umfangreicheren EX-Version kurz vorstellen.

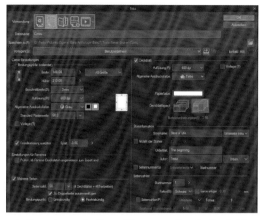

▲ Stapelverarbeitung für ganze Comic-Projekte

Stapelverarbeitung

Unter *Stapelverarbeitung* versteht man die Verarbeitung mehrseitiger Dokumente in einem einzigen Schritt. Bei richtiger Anwendung kannst du dir damit das lästige Zusammensetzen von einzelnen Comicseiten zu einer Datei ersparen, da Clip Studio Paint EX sowohl den Comic als Ganzes anlegt als auch wieder ausgibt. Mittlerweile gibt es sogar eine 3D-Vorschau des Buches zum Ansehen.

Die Möglichkeiten der Stapelverarbeitung sind alle im ersten Reiter Datei zu finden. Die 3D-Ansicht ist ein bisschen versteckt. Du findest sie unter Mehrere Seiten exportieren|3D-Vorschau für Bindung.

▲ 3D-Vorschau für Bindung

▲ Mehrseitige Ansicht eines Comic-Projekts

Posenübernahme von Fotos

Wenn du mit den 3D-Posen-Modellen arbeitest, kannst du deine Modelle freihändig bewegen, was sehr mühsam sein kann, oder fertige Posen-Vorlagen verwenden, die aber nur eingeschränkt zur Auswahl stehen.

 Ist dir das alles zu aufwendig, bietet dir Clip Studio Paint EX zusätzlich eine neue Technologie, die *Posenscan* heißt. Dafür suchst oder machst du ein Foto, auf dem eine Person mit dem ganzen Körper zu sehen ist, im Idealfall vor einem neutralen Hintergrund, von dem sie sich gut abhebt.

Wähle dann in der grauen Leiste unter deinem Modell den Button Pose scannen. Nun öffnet sich eine Dateiauswahl, in der du dein Bild suchen kannst. Wähle es aus und die Pose wird automatisch gescannt und übernommen. Manchmal muss man noch die Details ein bisschen feinjustieren und schon hast du ohne viel Aufwand eine neue Pose.

Wichtig

Es ist wirklich wichtig, darauf zu achten, dass keine störenden anderen Linien wie Architektur, Landschaften, Tiere oder Menschen hinter dem Hauptmotiv zu sehen sind.

Der Scanner arbeitet am besten bei einem völlig neutralen, einfarbigen Hintergrund. Viele andere Details im Bild lenken ihn ab und der Scan wird nur unzureichend.

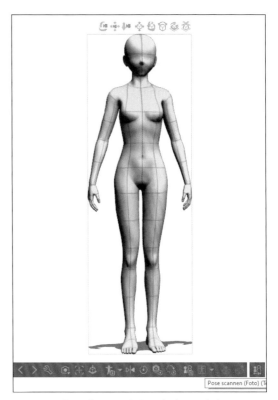

▲ Grundpose mit Bearbeitungsleiste

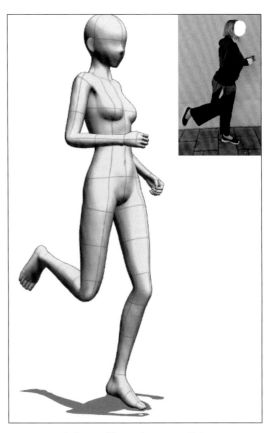

▲ Posenübernahme von Foto

LT-Umwandlung

Mit der LT-Umwandlung kannst du 3D-Objekte in Linearts umwandeln. Dieses Feature wird besonders gern von deutschen Mangaka eingesetzt. Anders als unsere japanischen Kollegen haben wir kein Team, das mit uns die Seiten bearbeitet, sondern wir arbeiten als Einzelkämpfer. Da ist es nur natürlich, sich die Arbeit gerade bei aufwendigen Hintergründen einfacher zu machen.

So nutzen einige 3D-Programme, um die Spielorte ihres Mangas nachzubauen. Es können dabei Zimmer, Arbeitsplätze und ganze Wohnungen entstehen, die bei Bedarf einfach in Clip Studio Paint geladen werden können. Um nun nicht alles per Hand nachzeichnen zu müssen, ist die LT-Umwandlung eines Objekts sehr praktisch.

Hast du das 3D-Objekt in deine Datei geladen, kannst du mit einem Klick der rechten Maustaste auf die Ebenen-Ansicht in Drop-down-Menü LT-Umwandlung der Ebene auswählen.

Es öffnet sich ein Fenster, in dem du einstellen kannst, ob du die Ebene als Vektor- oder Rasterebene anlegen willst. Die Entscheidung zwischen Vektor und Raster ist jedoch individuell und folgt keinen Regeln. Ebenso können aus den Farben und den Schattenverhältnissen noch Raster generiert werden. Wenn du mit allem zufrieden bist, kannst du auf OK klicken und die Umwandlung startet.

Dieser Prozess kann einige Zeit dauern und viel Rechenleistung kosten, weswegen du die Funktion mit einem Performance-schwachen PC lieber nicht nutzen solltest.

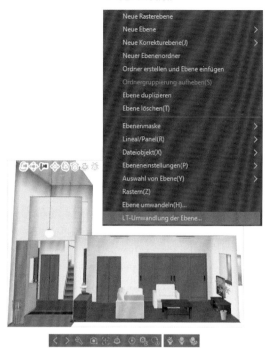

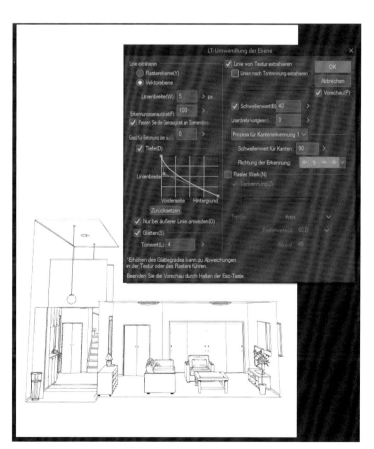

▲ Vorschau der erzeugten Linien

AutoKoloration

Der letzte Punkt, den ich hier vorstellen möchte, ist die Technologievorschau Auto-Koloration.

Auch wenn das Werbevideo von Clip Studio Paint das suggeriert, du kannst damit nicht den Computer komplett die Koloration deiner Bilder übernehmen lassen. Diese Funktion hilft dir nur bei der groben Verteilung der Farbe. Um Licht, Schatten und Harmonien musst du dich nach wie vor selber kümmern. Jedoch kann sich die AutoKoloration gut eignen, um eine schnelle Entscheidung über die Stimmung und Farbauswahl für ein Bild zu treffen.

Gestalte dafür zunächst ein Lineart (1) und lege es mit dem Leuchtturm-Symbol als Referenzebene fest. Lege darunter eine neue Ebene an und verteile darauf grob die Farben, die du deinem Bild geben willst (2).

Nun kannst du folgenden Weg im Menü am oberen Bildschirmrand gehen: Bearbeiten|Kolorieren|Hinweisbild nutzen und kolorieren.

Über deiner Referenzebene erscheint nun eine neue Ebene mit der verteilten Farbe. Wie du siehst, ist das Bild damit zwar gefüllt, aber noch lange nicht fertig (3).

6

Illustration

Bei einer einzelnen Illustration erzählst du eine ganze Geschichte mit nur einem Bild. Aus diesem Grund muss dieses Bild gut durchdacht und geplant sein. Stimmung, Bildinhalt und Aussage sollten harmonisch zusammenspielen und so dem Betrachter eine Geschichte erzählen oder ihn zum Nachdenken anregen.

6.1 Dokumente für Illustrationen einrichten

Nachdem du dich nun mit dem Programm vertraut gemacht hast, wird es Zeit, über das Erstellen von Illustrationen zu sprechen.

Inspirationen findest du überall und vermutlich sammelst du deine Ideen noch traditionell in einem Skizzenbuch oder Bullet-Journal. Ich habe mich mit dem Konzept zwischen zwei Buchdeckeln nie so richtig anfreunden können, deswegen sind meine Skizzen und Ideen in Büchern, Mappen und oftmals auch in meiner »Ideenkiste« verstreut. Dort landen alle physischen Ideen, die ich gerne nutze, um mich aus einem KreaTief zu ziehen.

Aber egal, wie du deinen Schaffensprozess strukturierst, irgendwann landest du an dem Punkt, an dem du dein Clip Studio startest und deinen Ideen Formen verleihst. An diesem Punkt solltest du dir überlegen, wofür du dein Bild später verwenden willst.

Je nach Verwendungszweck kannst du schon jetzt wichtige Einstellungen in den Punkten Größe und Auflösung tätigen. Weitere Details hierzu kannst du in Abschnitt 8.2 »Auflösung (dpi)« nachlesen.

Wenn du ein neues Bild erstellen willst, öffne Clip Studio Paint und wähle im Hauptmenü Datei|Neu. Es öffnet sich ein Fenster, in dem du die Einstellungen für deine Datei festlegen kannst.

Gehen wir zunächst von einer farbigen Illustration aus.

Wähle dafür in der Zeile **Verwendung** das erste Icon mit der Blume aus. Unter Vorlagen findest du verschiedene Dateivorlagen für Webtoons, Sticker oder Animationen. Du kannst deine Leinwand aber auch individuell einrichten. Im Feld unter den **Vorlagen** findest du dafür alle Möglichkeiten.

Achte bei einer farbigen Illustration, die du später drucken willst, darauf, deine Auflösung mindestens bei 300 dpi zu halten, besser sind 600 dpi, wenn du genug Speicherkapazität für diese Dateigröße hast.

Du kannst Formate wie DIN A oder DIN B auswählen oder selbstständig eine Größe deiner Leinwand angeben. Ob die Angaben in Millimeter, Inch oder Zentimeter gemacht sind, siehst du rechts über der Vorschau deiner Leinwand. Dort kannst du die Maßeinheiten auch umstellen.

 Um von Hochformat zu Querformat und wieder zurückzuwechseln, kannst du auf den Button mit den beiden Pfeilen links neben den Schaltflächen **Höhe** und **Breite** klicken. Änderst du hierüber das Format, ändert sich auch die Formatvorschau auf der rechten Seite des Fensters.

6.2 Bildkomposition

»Einfach mal drauflos zeichnen«, sorgt in der Regel nicht für ein gelungenes Bild. Mach dir zuerst klar, was dein Motiv sein soll. Was oder wem gilt die Aufmerksamkeit – und später der Blick des Betrachters? Was ist dein Fokus, was möchtest du zeigen? Worauf konzentriert sich deine Bildaussage? Natürlich kann es auch sein, dass es mehrere Motive in einem Bild gibt. Hilfreich ist es aber immer, vorher zu entscheiden, welches Motiv der Hauptdarsteller ist und wer die Nebenrollen erhält. Das alles entscheidest du mit deiner Bildkomposition.

In den Beispielen rechts siehst du als Erstes den Fokus auf dem Vordergrund mit dem Baumstumpf und dem Frosch im oberen Bild. Im Gegensatz dazu ist im unteren Bild der Fokus auf die Schlange in der Mitte des Bildes gerichtet.

Das Setting in beiden Bildern ist somit das gleiche, doch die Bildaussagen unterscheiden sich durch das Tier, das in den Fokus gerückt wurde, erheblich.

Wie du an diesem Beispiel sehen kannst, ist es sinnvoll, je nach Bildaussage die Ausarbeitung, den Fokus und die Schärfe eines Bildes zu überdenken und im Vorfeld zu planen.

Lass uns als Nächstes ein paar wichtige Regeln für gelungene Bilder anschauen. Beim Bildaufbau entscheidest du nämlich nicht nur über die Aussage und Inhalte deines Bildes, sondern auch deinen Fokus. Nicht in jedes Detail deines Bildes musst du gleich viel Arbeit investieren. So ergeben sich einige Möglichkeiten, deinen Arbeitsprozess zu optimieren.

▲ Fokus auf dem Vordergrund

▲ Fokus auf dem Hintergrund

Die Drittelregel oder der Goldene Schnitt

Zentral platzierte Motive können langweilig und spannungslos wirken, genauso auch ein Horizont in der Mitte des Bildes.

Versuch es doch mal mit einer Verschiebung dieses Bildmotivs aus dem Zentrum heraus. Dein Bild wirkt dadurch sofort lebendiger. Teile dafür dein Bild in neun gleich große Felder und platziere dein Motiv an den Schnittkanten dieser Felder.

Ähnlich, aber etwas komplexer verhält es sich mit dem Goldenen Schnitt. Der Goldene Schnitt ist ein Teilungsverhältnis (a / b = (a + b) / a), das bereits in der Antike von Malern, Bildhauern und Architekten verwendet wurde. Das menschliche Auge empfindet dieses Verhältnis als besonders harmonisch und anziehend, wie du in der unteren Darstellung siehst. Daher ist es kein Wunder, dass viele Künstler dieses Verhältnis in ihren Bildern verwenden. Auch du kannst diese dem Auge gefällige Aufteilung nutzen, um dein Bild ansprechend zu gestalten.

▲ Hauptmotiv mittig platziert

▲ An den Schnittkanten platziert

▼ Blicklenkung durch den Goldenen Schnitt und die kleinteiligere Fibonacci-Spirale

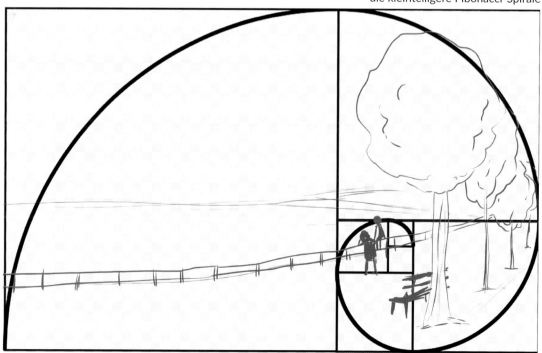

6.3 Anwendung von Posenmodellen

Wenn du dir dein Motiv und den Bildausschnitt überlegt hast und mit deinen ersten Skizzen zufrieden bist, stößt du vielleicht auf eine weitere Hürde.

Menschen in verschiedenen Posen mit den richtigen Proportionen zu zeichnen, kann schwer sein. Du solltest dich nicht scheuen, dir Modelle und Referenzen zu suchen. Gerade durch das Betrachten und immer wieder üben lernt dein Gehirn und merkt sich diese Posen leichter. Selbst die alten Meister wie Michelangelo oder Leonardo da Vinci hatten Menschen, die für sie Modell gestanden haben. Heute können wir das moderner und ohne viel Aufwand über digitale Modelle lösen. Clip Studio Paint bringt seine eigenen 3D-Modelle mit, die du dir zurechtdrehen kannst, wie du sie brauchst.

In deinem 3D-Materialordner auf der rechten Seite der Arbeitsfläche findest du unter **Body type** ein männliches und ein weibliches Modell, die du via Drag&Drop einfach auf deine Arbeitsfläche ziehen kannst. Hier kannst du sie mittels der blauen Ankerpunkte und der Pfeile und Linien drehen und bewegen.

Zusätzlich öffnet sich eine Toolbar unter den Figuren und eine kleinere darüber, auf die ich auf den nächsten Seiten eingehen werde.

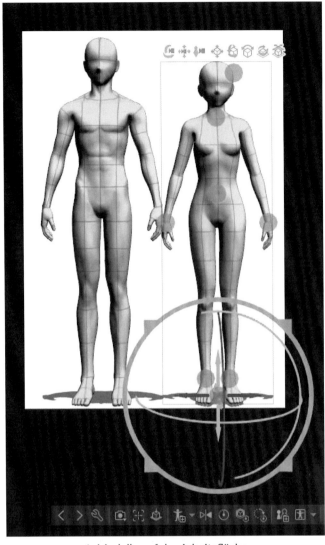

▲ Modelle auf der Arbeitsfläche

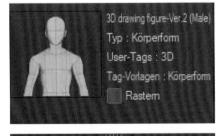

▶ Männliches und weibliches Modell

Die blauen Symbole über dem Kopf des Modells dienen zur Bewegung der Kamera und des Objekts in einem virtuellen Raum, der mit dem Ziehen des Modells in eine neue 3D-Ebene erstellt wurde.

 Die ersten drei Buttons dienen hierbei der Kameraführung und beeinflussen die Haltung des Modells oder sein Zusammenspiel mit anderen 3D-Objekten nicht.

 Die Buttons auf der rechten Seite verändern die Lage des Modells oder Objekts im Raum, aber nicht die Kameraeinstellung oder die Haltung.

Um die Haltung des Modells zu ändern, hast du mehrere Möglichkeiten.

Pose verändern mit Ankerpunkten, Achsen und Pfeilen

Grobe Einstellungen kannst du mit den blauen Ankerpunkten vornehmen, die auf dem Modell eingeblendet werden, indem du einen Punkt anklickst und ihn dabei in eine beliebige Richtung bewegst. Da du den Mauszeiger nur auf einer zweidimensionalen Fläche bewegst, ist die Übersetzung deiner Bewegung in den dreidimensionalen Raum eher schwierig. Für ein besseres Handling gibt es noch die Achsen und Pfeile.

Die Pfeile sorgen für eine Bewegung entlang der X-, Y- oder Z-Achse im Raum. Die farbigen Achsen um die Gelenke zeigen die Rotation der Gelenke an. Sie sind unabhängig von den Ankerpunkten anwählbar. So kannst du zum Beispiel auch die Schultern verändern, obwohl dafür keine Ankerpunkte angezeigt werden. Das Gleiche gilt für Ellenbogen und Knie, wobei die Rotation des Ellenbogens an die Rotation des Handgelenks gekoppelt und die Beugung separat anwählbar ist.

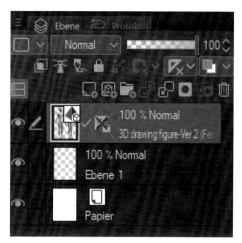

▲ Modell-Ebene in der Ebenen-Liste

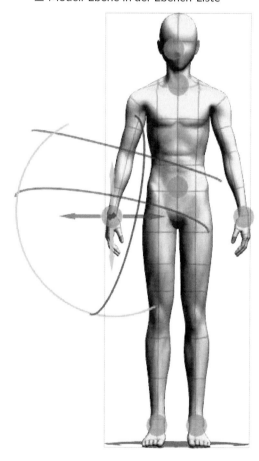

Welches der beweglichen Teile deines Modells du gerade angewählt hast, zeigt dir das Programm, indem der betreffende Punkt gelb aufleuchtet.

Die manuelle Einstellung kann sehr langwierig und schwierig sein, weswegen ich dir die nächste Möglichkeit empfehlen würde.

Fertige 3D-Posen verwenden

In deinem Materialordner findest du im Unterordner **3D** die Posen. Hier gibt es schon verschiedene Posenvorlagen, die dir dabei helfen können, schneller ans Ziel zu kommen. Suche dir eine passende Pose heraus und ziehe sie via Drag&Drop auf deine Figur. Passe sie über die Rotationsachsen und Pfeile noch an, wie du sie brauchst, und schon hast du deine Pose erstellt.

Wenn du nur die Hände verändern willst, gibt es auch spezielle Handposen. Achte hierbei aber darauf, dass du erst die Hand des Modells anwählst und dann die Pose auf die Figur ziehst, sonst werden die Handposen auf beide Hände übertragen.

Modelle anpassen

Da natürlich nicht alle Menschen gleich aussehen, kannst du auch an deinem Modell noch einige Einstellungen im Bezug auf Körpergröße und Körperform vornehmen.

Dafür klickst du auf den letzten Button in der grauen Leiste unter deiner Figur. Über diesen gelangst du in die Sub-Tooleinstellungen, in denen du unter **Körperform** Größe, Proportionen und Körperform ändern kannst. Von kindlich oder dünn über muskulös bis hin zu dick ist alles über das Vier-Quadranten-Feld einstellbar.

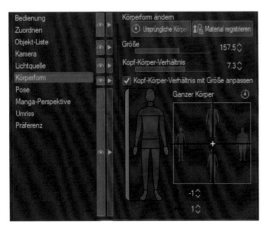

▲ Sub-Tool *Körperform*

▲ Materialordner *Pose*

In den Sub-Tooleigenschaften der 3D-Modelle lassen sich auch noch weitere Punkte einstellen.

Hände bearbeiten

Unter **Pose** besteht die Möglichkeit, die Hände noch intensiver zu bearbeiten. Du kannst hier das Öffnen und Schließen der Hände genauso einstellen wie das Spreizen der Finger.

Möchtest du, dass ein Finger von diesen Änderungen ausgenommen wird, kannst du dies mit einem Klick auf die Kettenglieder über den Fingern festlegen. Wenn die Kettenglieder als verbunden angezeigt werden, verändern sich die Finger nicht. Klickst du ein zweites Mal auf die Stelle, lösen sich die Verkettungen und du kannst den Finger wieder bewegen.

Licht und Schatten simulieren

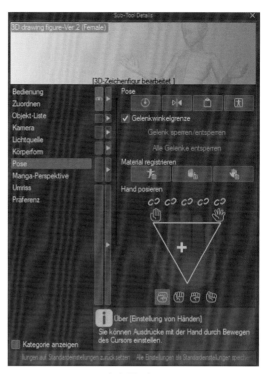

▲ Sub-Tool *Pose*

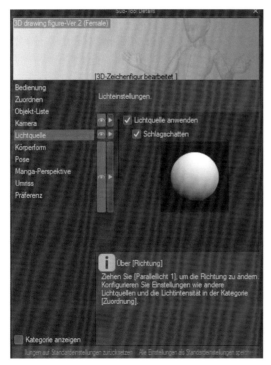

▲ Sub-Tool *Lichtsimulation*

Unter dem Unterpunkt **Lichtquelle** kannst du Licht und Schatten auf den Körper deines Modells simulieren lassen, um ein besseres Gefühl für die Beleuchtung in deinem Bild zu bekommen.

Ist der Haken bei **Schlagschatten** gesetzt, findet sich auch ein Schlagschatten unter der Figur. Dieser ist allerdings nicht physisch korrekt, weswegen ich empfehle, ihn lieber abzuschalten, um Verwirrung zu vermeiden.

Der Schatten auf dem Körper selbst kann jedoch sehr praktisch sein.

▶ **Video-Tutorial auf Seite 210.**

Eigene Posenvorlage erstellen

Wie du schon in Abschnitt 3.3 gesehen hast, ist es möglich, auch 3D-Vorlagen zu laden, zu erstellen, abzuspeichern und mit anderen zu teilen. Wie das geht, schauen wir uns nun Schritt für Schritt an.

Öffne zunächst eine neue Leinwand und ziehe dir ein Körpermodell aus den Body types in deine Arbeitsfläche.

Jetzt kannst du dein Modell so anpassen, wie du es brauchst. Ich gestalte beispielsweise eine Breakdancer-Pose.

Wenn du die passende Pose erstellt hast, speichere das Dokument als JPEG ab, damit du später beim Speichern der Pose ein passendes Bild hast. Diese Miniaturansicht ist sehr wichtig, sie wird in deiner Materialsammlung angezeigt.

Klicke dann in der Taskleiste unter deinem Modell auf Pose als Material registrieren. Es öffnet sich das Materialeigenschaften-Fenster, in dem du jetzt deine Pose als neues Material anlegen kannst. Trage hier einen eindeutigen Namen ein und füge dein zuvor gespeichertes Bild als Vorschau dazu. In der Materialauswahl

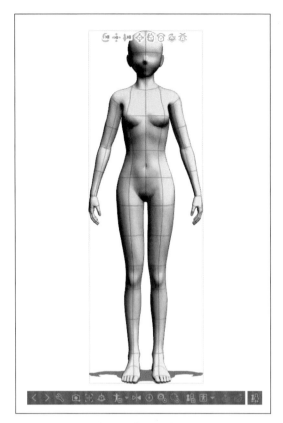

rechts suchst du dir den richtigen Ordner: 3D|Pose|Entire Body. Vergiss nicht, passende Such-Tags auf Englisch und Deutsch hinzuzufügen. So kann man die Materialien später leichter sortieren und finden, wenn du sie teilen willst. Wenn du alles hinzugefügt hast, klicke auf OK.

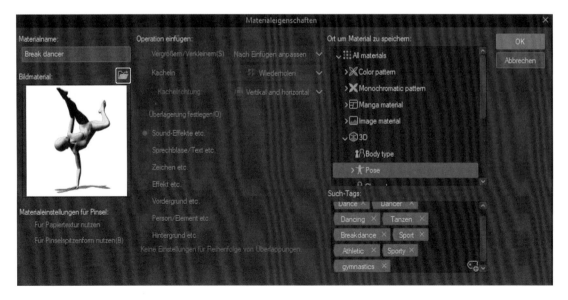

Ab jetzt findest du deine Pose in den Materialien und kannst sie auch in zukünftigen Bildern immer wieder einsetzen und anwenden.

Erstellte Posenvorlagen verwenden

Die Pose wird auf deine Arbeitsfläche gezogen und in der Perspektive so eingestellt, wie du es willst.

Danach kannst du eine neue Ebene öffnen und deine Figur anziehen. Zeichne dafür am besten mit einer leuchtenden Farbe über deine Pose. Ich nutze dafür am liebsten Blau, die Farbe hat aber keinen weiteren Einfluss auf das entstehende Bild. Sie hebt nur die Skizze gut von den schwarzen Linien des späteren Linearts ab.

Wenn dir der Entwurf gut gefällt, kannst du jetzt die Pose ausblenden und noch ein paar Korrekturen vornehmen. Die Brust des Modells bewegt sich natürlich nicht, das solltest du korrigieren, genauso wie Details in Hand- und Fußhaltung. Du siehst also, hundertprozentig kannst du dich nicht auf die Modelle verlassen. Sie sind nur eine Hilfe.

Nach dem Lineart fügst du noch mindestens eine Farbebene hinzu.

Wenn du dir bei den Farben nicht sicher bist, kannst du unter Bearbeiten|Farbkorrektur| Farbbalance noch verschiedene andere Farbkombinationen testen. Mehr zu Farben in Abschnitt 6.5.

6.4 3D-Hintergründe

Natürlich helfen dir nicht nur die Posenvorlagen, deine Bilder lebendig zu gestalten. Neben den 3D-Posenmodellen findest du in deiner Materialsammlung auch 3D-Hintergründe, die von Clip Studio Paint zur Verfügung gestellt werden. Diese können nicht nur in der 3D-Ansicht verwendet werden, sondern in der EX-Version des Programms mit LT-Umwandlung in 2D-Grafiken umgewandelt werden. Außerdem kannst du die auch überzeichnen, um in deinem eigenen Zeichenstil zu bleiben.

Für mein Beispiel habe ich die Innenansicht eines U-Bahn-Waggons gewählt. Dieser Hintergrund ist in der Cloud enthalten und kann mit einem einfachen Klick heruntergeladen werden.

Ziehe den Hintergrund mittels Drag&Drop in deine Arbeitsfläche und richte ihn wie bei den 3D-Posenmodellen mit den Kamera-

tools ein, sodass der Winkel deinem Wunsch entspricht.

 In der Materialvorlage kannst du bei diesem Beispiel zwischen zwei Farbvarianten wählen.

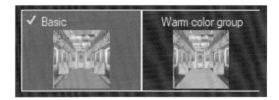

Diese Option ist bei jedem Material unterschiedlich, je nachdem wie viele Designs der 3D-Modeler, der diese Materialien zur Verfügung gestellt hat, in die Option eingefügt hat. Bei Material, das nicht von Clip Studio direkt ist, steht diese Auswahl möglicherweise auch gar nicht zur Verfügung oder die Designs müssen über Texturen extra geladen werden.

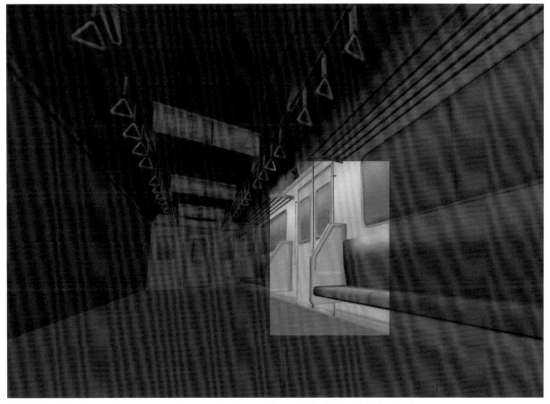

▲ 3D-Vorlagen arbeiten auch außerhalb der Arbeitsfläche.

Mit **Layoutvorlage** kannst du einzelne Bereiche deiner Ansicht wie die Seitenwände ausblenden.

Diese Funktion ist oft wichtig, weil die Kamera gerne an den 3D-Elementen hängen bleibt oder in sie hineinfährt und du nur noch Schwarz auf deiner Arbeitsfläche siehst. Blende also die 3D-Elemente, die nicht für deinen Bildinhalt wichtig sind, aus, um dich besser in deinem 3D-Hintergrund bewegen zu können.

Auch die Anwendung von Lichtquellen solltest du für die Hintergründe ausstellen, da sie gerne die Darstellung erschweren, viel Rechenleistung brauchen und dir das Abzeichnen nicht gerade leichter gestalten.

Zum Ausschalten gehst du in die Tooleigenschaften und nimmst durch einen Klick auf das Kästchen **Lichtquelle anwenden** den Haken heraus. Nun hast du deinen 3D-Hintergrund komplett ohne Beleuchtungseffekt und kannst damit die Linien viel klarer erkennen.

Hast du deinen Hintergrund so weit fertig, kannst du deine Figur mit einer Skizze einfach in den Hintergrund einbauen, indem du eine neue Pixelebene eröffnest und deine Skizze so lange bearbeitest, bis sie dir gefällt.

Nun kannst du alles mit Outlines versehen. Das kannst du entweder von Hand machen oder, wenn du Clip Studio Paint EX benutzt, mit der Option **LT-Umwandlung**.

▲ Verschiedene Ansichten der Szene

LT-Umwandlung (nur EX)

Um deinen 3D-Hintergrund automatisch in ein Lineart umzuwandeln, klicke mit der rechten Maustaste auf die 3D-Ebene im Ebenenfenster und dann auf **LT-Umwandlung der Ebene**.

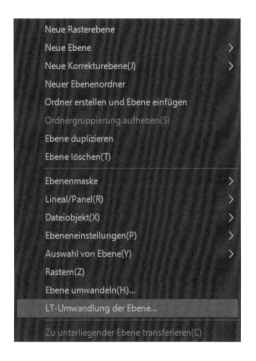

Es öffnet sich ein Fenster, in dem du einstellen kannst, ob die Ebene eine Vektor- oder eine Pixelebene werden soll und an welcher Linienstärke sich die Linien für den Hintergrund orientieren sollen.

Wenn du bei Vorschau (unter Abbrechen) einen Haken setzt, kannst du in Echtzeit sehen, wie dein Ergebnis aussieht.

Auf der rechten Seite des Kästchens kannst du noch Raster entwickeln lassen. Die Raster ergeben sich aus den Farbwerten der Vorlage und den Lichtverhältnissen, solltest du diese doch noch aktiviert haben. Damit erstellt dir das Programm einen komplett gerasterten Hintergrund.

Ich empfehle dir allerdings, diese Option auszulassen, und falls du Raster verwenden möchtest, sie später selbst einzufügen. So hast du einfach mehr Kontrolle beim Einsatz deiner Raster und das Ergebnis wird individueller.

Bist du mit allen Einstellungen zufrieden, kannst du auf OK klicken und deine Einstellungen werden zu einer neuen Ebene in deiner Ebenenleiste umgewandelt. Diese Ebene ist immer monochrom und blendet die darunter liegende 3D-Ebene aus. Du kannst sie aber mit einem Klick auf das Augensymbol vor der Ebene jederzeit wieder einblenden.

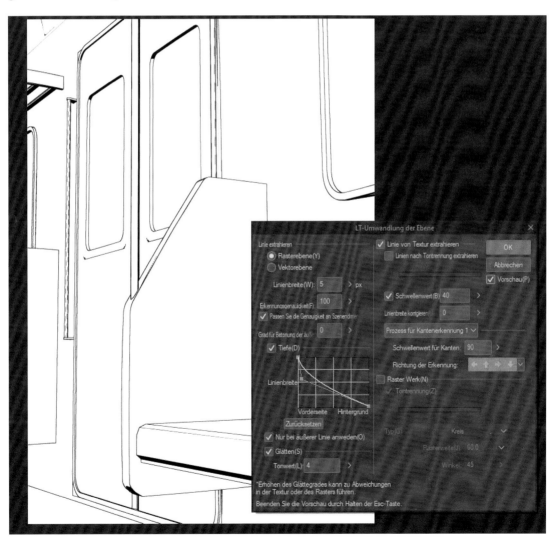

▲ Bildvorschau bei LT-Umwandlung

Hintergrund in ein Bild integrieren

Nachdem dein Hintergrund und dein Charakter ein Lineart bekommen haben, suchst du dir eine passende Farbpalette für die Stimmung in deinem Bild aus. Wie du diese einfach findest, erfährst du im nächsten Abschnitt.

Ich habe mich für eine surreale Palette mit Blau-, Türkis- und Pinktönen entschieden.

Mit dem Fülleimer habe ich dann die geschlossenen Flächen schnell und flächig gefüllt, um ein Gefühl für die Stimmung des Bildes zu bekommen. Diese Technik erspart dir sehr viel Zeit beim Kolorieren.

Anschließend habe ich dem Mann mit einem texturierten Ölpinsel die Lichter und Schatten auf Haut und Kleidung gegeben. Der Schlagschatten dagegen ist mit einem flachen, nicht-texturierten Pen-Tool entstanden.

Die farbigen, halbtransparenten Hexagone habe ich perspektivisch auf den Boden des Waggons angepasst. Dafür kannst du sie einfach auf eine neue Ebene aufbringen und dann mit der Kurzwahl [STRG]+[T] auswählen und perspektivisch verzerren. Zu Beginn braucht man ein bisschen Übung mit dem Verzerren der Perspektive, aber das dauert nicht sehr lange. Probier es einfach aus.

Zum Schluss hat alles noch einen leicht pinken Glanz mit dem Airbrush-Tool bekommen und schon war der einsame Reisende in seinem Waggon fertig.

6.5 Koloration

Digital mit Farbe zu arbeiten, ist etwas sehr Spannendes. Du kannst deine Ebenen und Farben jederzeit löschen, ändern und austauschen. Deine Palette wird nie leer und du musst keine teuren Materialien nachkaufen. Außerdem gibt es neben der Farbpalette und der einstellbaren Pinseltextur einen weiteren Aspekt, mit dem du digital arbeiten kannst, nämlich die Leuchtkraft der Monitore, auf denen die Bilder angezeigt werden. Am Anfang mag es sich ungewohnt anfühlen, nicht mit der feuchten Farbe über eine raue Leinwand zu gehen und keinen Geruch von Lösungsmittel oder Firnis in der Nase zu haben, doch die Arbeit am PC bietet dafür eine Unzahl an anderen Möglichkeiten, Farbe zu erleben und einzusetzen. Natürlich kann die digitale nie die traditionelle Malerei ersetzen, aber sie kann sie erweitern und ihr neue Dimensionen geben.

Kleine Farblehre

Wie du schon in Abschnitt 5.6 »Füllen und Verläufe« gesehen hast, kann sich die Stimmung eines Bildes mit den ausgewählten Farben verändern. Hier möchte ich dir nun zeigen, warum das so ist und wie du mit diesem Wissen deinen Bildern eine ganz besondere Wirkung verleihen kannst.

Der Farbkreis

Vermutlich erinnerst du dich zumindest noch vage an den Farbkreis nach Itten, den du in der Schule mehr schlecht als recht mit dem Schulfarbkasten zusammengemischt bekommen hast. Dass dies nicht der Weisheit letzter Schluss sein kann, ist dir vermutlich spätestens bei dem Versuch, ein Magenta zu mischen, aufgefallen.

Nun gibt es viele Farblehren und sie alle beschreiben im Großen und Ganzen das Verhältnis von Farben zueinander. Dabei spielt nicht nur die Farbe, sondern auch ihre *Reinheit* eine Rolle.

Weiß- und Schwarzanteile verändern die Leuchtkraft einer Farbe und ihren Ausdruck. Sie machen sie heller oder dunkler. So lassen sich zum Beispiel mit einem erhöhten Weißanteil pastellige Farbtöne mischen.

Je höher die Reinheit (*Sättigung*) einer Farbe ist, desto stärker wirkt sie auf den Betrachter.

Die meisten Blau-, Grün- und Violetttöne wirken eher kalt, während die meisten Orange-, Rot- und Gelbtöne eher warm wirken. Eine Ausnahme bilden die Bereiche Gelbgrün und Violett. Durch ihren Anteil an gleichermaßen warmen und kalten Farben kann sowohl ein warmer als auch ein kalter Eindruck der Farbe entstehen. Dies ist abhängig von den Farben, die in der direkten Umgebung liegen.

Abhängig von der Umgebungsfarbe

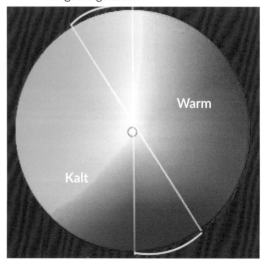

Abhängig von der Umgebungsfarbe

Um Bilder harmonisch zu kolorieren, gibt es unterschiedliche Aufbauten, die verschiedene Wirkungen in deinen Bildern erzeugen.

Monochrom

Komplementär

Die bekannteste Art zu kolorieren, ist *monochrom*. Dabei basiert deine gesamte Mischung auf den Helligkeitswerten einer einzigen Farbe und wirkt dadurch sehr ruhig und harmonisch.

Etwas, das du vielleicht noch aus dem Kunstunterricht in der Schule kennst, ist der *Komplementärkontrast*. Hierbei wird mit Farben aus sich gegenüberliegenden Farbspektren koloriert. Ein bekannter Komplementärkontrast ist beispielsweise Rot und Grün.

Analog

Der komplementären Koloration entgegen steht die analoge oder auch ähnliche Farbpalette. Hier verwendet man Farben aus einem Farbraum, also Farben, die im Farbkreis nebeneinander liegen.

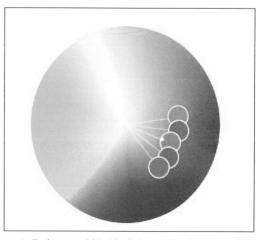

▲ Farbauswahl in ähnlicher Farbreinheit und Temperatur

Die Triade

Diese Koloration basiert, wie der Name schon sagt, auf einem Drei-Punkt-Schema. Sie bildet sowohl einen spannenden Farbkontrast als auch ein harmonisches Zusammenspiel.

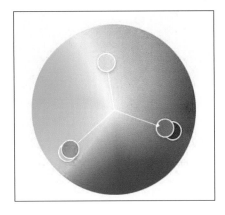

▲ Triade im Einsatz

Foto inspirierte Farbpalette

Der größte Künstler ist noch immer die Natur. Hier findest du alle Farben in perfekten Harmonien. Der Himmel zum Beispiel gibt uns jeden Abend und jeden Morgen eine immer neue und spannende Farbpalette.

Hieraus kannst du eine tägliche Übung ableiten.

Mache jeden Abend oder Morgen ein Foto und öffne es als Referenzbild in Clip Studio. Ziehe dazu dein Bild einfach aus deinem Ordner auf die Ebenen-Felder.

Vorsicht

Achte wirklich darauf, dein Foto auf die Ebenen und nicht in deine Arbeitsfläche zu ziehen, sonst öffnet sich ein neues Dokument und du kannst dein Foto nicht zu deinem Projekt hinzufügen.

Nimm als Nächstes das Pipetten-Werkzeug und wähle die erste natürliche Farbe auf deinem Foto aus. Im Beispiel auf der nächsten Seite habe ich nur Farben aus dem Himmel genommen. Du musst dich natürlich nicht auf fünf Farben beschränken, wähle nacheinander so viele, wie du willst.

Tausche die Pipette gegen einen Pinsel und male deine Farben neben das Bild. Du kannst mit Drücken und Gedrückthalten der [ALT]-Taste zwischen Pipette und Pinsel hin und her springen. So sammelst du schnell alle Farben, die du brauchst.

Koloriere danach dein Bild, wie du es gewohnt bist, oder experimentiere frei nach Lust und Laune mit Farben und Pinseln. Die Farben aus der Natur haben ein harmonisches Zusammenspiel, das du für deine ersten Schritte nutzen kannst.

Wenn du dich sicherer fühlst, kannst du probieren, wie das Einmischen von Symbolfarben dazu passt, um deinem Bild eine tiefere Bedeutungsebene zu verleihen. Symbolfarben entstehen durch gemeinsame soziale Erkenntnisse der Gesellschaft, so wie Rot für die Liebe und Grün für Hoffnung steht.

Auf diesem Bild siehst du die Anwendung
der von dem Foto eines Sonnenuntergangs
inspirierten Farbpalette.

Grundlagen Koloration

An sich gibt es Tausende Arten und Techniken, ein Bild zu kolorieren, und keine davon ist wirklich richtig oder falsch, allerdings ist sie stilprägend. Wie ein Künstler zeichnet und wie er koloriert, macht seinen ganz persönlichen Stil aus und auch du musst deinen Stil finden, deshalb kann ich dir hier nur ein paar Grundlagen erklären. Wie du letztendlich arbeitest, ist deine Entscheidung und sollte nicht von meinen Vorgaben abhängig sein. Sieh dieses Kapitel also als eine wissenswerte Grundlage und entwickle daraus deine eigene Technik.

Das Wichtigste zuerst: Wenn du kolorierst, kannst du sehr viel Zeit sparen, indem du wie in Abschnitt 5.6 gezeigt den **Fülleimer** einsetzt und auf verschiedenen Ebenen arbeitest.

Die Kolorationsebenen sollten immer unter der Lineart-Ebene sein. Du kannst alle Grundfarben auf eine Ebene legen oder alle Bestandteile in einzelnen Ordnern gruppieren wie zum Beispiel: Haut, Haare, Kleidung usw.

Bei wiederkehrenden Charakteren lohnt es sich, eigene Paletten für ihre Farben anzulegen, um nicht immer wieder suchen zu müssen. Alternativ könntest du auch die Farben deiner Figuren auf ihren Charakterbögen festhalten und dort immer wieder mit dem Pipetten-Tool abrufen.

Klein-Tesla im Beispiel unten hat einen weichen Kontrast zwischen Violett und Orange und ein paar ihrer Abmischungen für Licht und Schatten, wobei ich in die Farbpalette auch noch weitere Farben eingefügt habe, die ich häufig beim Arbeitsprozess benötige.

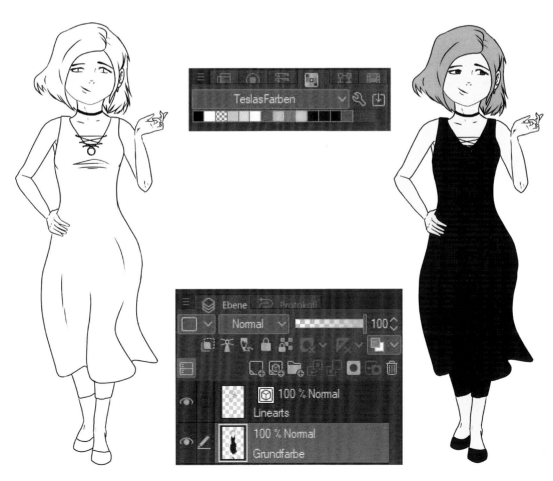

Für eine einfache, flache Koloration fügst
du dann mit dem Lasso-Werkzeug auf
einer weiteren Ebene passende farbige
Schatten ein (1) und zum Abschluss auf
einer extra Ebene noch Lichter auf Kleidung und Haut (2).

▲ Schatten im Kleid

▲ Lichter auf Kleidung und Haut

Cel-Shading

Das Cel-Shading stammt als Begriff aus dem Bereich des Game Designs und beschreibt eine harte Schattenkante in der Koloration. Dieser Begriff hat sich mittlerweile auch in der Koloration von Comics durchgesetzt. Die Technik dafür habe ich dir gerade gezeigt. Sie ist sehr einfach und kann auch mit wenigen Ebenen umgesetzt werden.

Wenn du dich nicht gerne in zu vielen Ebenen verläufst, kann diese Technik das Richtige für dich sein. Aber Achtung: Je mehr Bilddetails du hast, desto mehr Ebenen können es auch hier werden, da du einzelne Objekte und Hintergründe spätestens beim Kolorieren unbedingt trennen solltest.

Soft-Shading

Anders als die harten Kanten beim Cel-Shading wird beim Soft-Shading auf weiche Übergänge und einen sanften Farbauftrag gesetzt. Damit erhalten deine Bilder in dieser Technik mehr Tiefe in den Schatten und haben eine höhere Brillanz und Stahlkraft in den Lichtern.

Um diese Technik zu verwenden und dennoch Ebenen zu sparen, wählst du Farbflächen mit dem Zauberstab-Werkzeug aus und wechselst zu deiner Schatten-Ebene. Dort benutzt du eine weiche Wasserfarbenspitze oder das Airbrush-Tool und schattierst eine Farbe nach der anderen, bis du die gewünschte Tiefe erreicht hast. Sollten dennoch unerwünschte Absätze oder harte Kanten entstanden sein, kannst du diese mit dem Weichzeichner-Werkzeug noch gut verblenden.

Was auch spannende Effekte ergeben kann, ist, wenn du Cel- und Soft-Shading kombinierst. Wie links zu sehen, kannst du das weiche Soft-Shading mit einer geringeren Deckkraft über das harte Cel-Shading legen und damit einen klaren, aber dennoch weichen Look entstehen lassen.

Aus grau mach bunt – das Kolorieren mit Schnittmasken

Eine weitere Möglichkeit, ein Bild zu kolorieren, ist, mit Verlaufsanwendung und Multiplizieren zu arbeiten, wie ich bereits im Abschnitt »Verlaufsumsetzung als Kolorationsmethode« auf Seite 95 erklärt habe. Hier gehen wir jetzt noch einen Schritt weiter in der Anwendung dieser Funktion. Dafür brauchst du zunächst ein Bild, das du nur in Graustufen gezeichnet hast. Achte darauf, dass du nicht zu hell anfängst zu schattieren. 50% sollte dein Normalwert sein, alles darüber

sind Lichter, und alles darunter sind Schatten in deinem Bild.

Wenn du dein Bild auf mehreren Ebenen erstellst, fasse diese am Ende zusammen. Wähle dazu die gewünschten Ebenen in der Ebenen-Ansicht an und klicke mit der rechten Maustaste. Wähle dann im Drop-down-Menü **Ausgewählte Ebenen kombinieren**.

Wenn du deine Ebenen dennoch auch einzeln behalten willst, kopiere sie zuvor und schiebe sie in einen neuen Ordner unterhalb der zusammengefassten Ebenen.

▲ Bild in Graustufen

Wähle nun den Reiter **Ebenen|Neue Korrek-turebene|Verlaufsumsetzung**. Es öffnet sich ein Fenster zu den Verläufen. Hier kannst du die gespeicherten Verläufe anwenden und dir mit der Vorschau-Funktion direkt ansehen, wie dein Bild sich verändert. Das Programm wählt nun automatisch anhand der Grauwerte die dazu passenden Verlaufs-werte aus. In der Ebenen-Anzeige entsteht eine neue Ebenen-Verlaufsumsetzung, die automatisch mit einer Maske versehen ist.

Möchtest du Teile des Bildes nicht mit dem Verlauf einfärben, kannst du diese über die Maske ausblenden lassen, wie es in Ab-schnitt 4.2 beschrieben ist.

Füge eine neue Ebene unter deiner Verlaufs-ebene ein. Jetzt kannst du auf die Schnitt-maske der Verlaufsebene wechseln und den weißen Bereich der Schnittmaske mit dem **Zauberstab** auswählen.

Klicke danach auf **Ausgewählte Fläche umkehren** in der Menüleiste unter deiner ausgewählten Fläche und du hast deinen gesamten Hintergrund markiert. Wechsle wieder auf die Hintergrundebene. Stelle in den Ebeneneigenschaften **Multiplizieren** ein und wähle eine andere Farbe für den Hinter-grund, um alles einzufärben.

▲ Hintergrund, Mitte und Vordergrund
auf den Ebenen trennen

Du kannst auch hier verschiedene Farben wählen und ganz normal auf der Ebene zeichnen. Wenn du zufrieden bist, kannst du deine Auswahl beenden und hast nun ein Bild, in dem dein Hauptbildinhalt den Farbverlauf trägt und der Hintergrund eine andere Farbe.

Jetzt hast du die Möglichkeit, noch zusätzliche Details einzufügen. Dies kannst du auf einer oder mehreren Ebenen machen, ganz nach deinen Bedürfnissen. Wenn dir dein Bild noch zu dunkel ist, kannst du noch eine Ebene hinzufügen und diese in den Eigenschaften auf **Überlagern** stellen. Wenn du jetzt mit Weiß auf dieser Ebene zeichnest, kannst du bestimmte Punkte noch einmal besonders betonen.

Auf der nächsten Seite siehst du, wie man mit dieser Technik den Drachen noch ordentlich Feuer spucken lassen kann.

▼ Bildhintergrund und -mitte bilden scharfe Kanten zueinander.

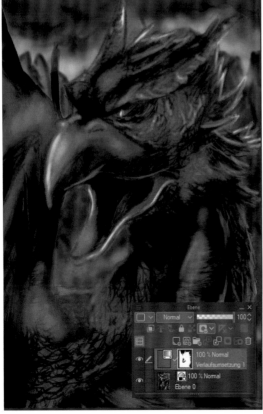

Farbton ersetzen

Manchmal kommt es vor, dass du mit deinen zuvor ausgewählten Farben nicht so glücklich bist. Dann hilft dir die Farbkorrektur **Farbton/Sättigung/Luminanz**, eine passende Farbe zu finden.

Klein-Tesla ist über die Farbauswahl ihres Kleids überhaupt nicht glücklich.

Zum Glück sind in diesem Beispiel alle Teile der Koloration sauber auf Ebenen getrennt, sodass du einfach die Ebene **Kleid** auswählen kannst.

In dem Reiter Bearbeiten kannst du nun im Drop-down-Menü **Farbkorrektur** und dann **Farbton/Sättigung/Luminanz** auswählen.

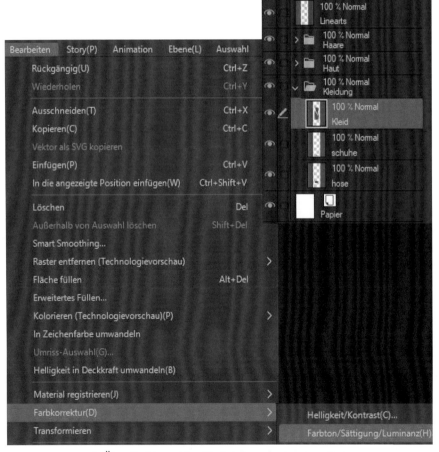

▲ Über Farbkorrektur lässt sich noch einiges retten.

Es öffnet sich ein Fenster, in dem du **Farbton**, **Sättigung** und **Luminanz** einstellen kannst. Mit einem Haken im Kästchen **Vorschau** siehst du auch gleich, wie sehr sich dein Bild verändert und mit einem violetten Kleid fühlt Klein-Tesla sich auch gleich wieder wohler.

Diese Einstellungen kannst du mit jeder Ebene so oft du willst wiederholen.

Der Regler setzt sich, nachdem du auf **OK** geklickt hast, wieder auf null zurück und geht von der vorhandenen Farbe als Ausgangswert aus.

Klein-Tesla hat inzwischen noch passende Schuhe über denselben Ablauf wie beim Kleid bekommen und sieht jetzt wieder wie immer aus. Diese Änderungen können natürlich nur erzielt werden, wenn die einzelnen Kleidungsstücke auf separaten Ebenen koloriert wurden.

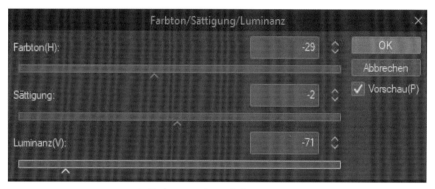

▲ Farben nachträglich verändern

Texturen und Muster anwenden

Wie schon erwähnt, hat Clip Studio Paint eine große Auswahl an vorinstallierten Materialien, die du in den Bildern einsetzen kannst. Texturen, Raster und Muster findest du in deiner Materialsammlung unter **Color Pattern** und **Monochromatic Pattern**.

Du kannst Raster, Muster und Texturen entweder ganzseitig anwenden oder mithilfe von Schnittmasken nur für einzelne Bereiche.

Im Folgenden zeige ich dir, wie du so schnell Hintergründe und Kleidung gestalten kannst.

Aber zunächst brauchen wir eine Idee. Diese kann noch ganz grob sein und niemand außer dir muss sie lesen können.

Daraus entwickelst du eine Skizze, wo man schon erkennen kann, in welche Richtung du gehen willst. Keine Sorge, auch hier kannst du noch recht grob bleiben und Details verwerfen, wenn sie nicht mehr ins Konzept passen.

Als Nächstes erstellst du aus deiner Skizze ein Lineart und nimmst dabei nur die Details auf, die du wirklich in deinem Bild behalten möchtest.

Wenn du dir schon ein Farbschema ausgesucht hast, in dem du dein Bild zeichnen willst, kannst du die Linien gleich in einer passenden Farbe zeichnen. Ich entscheide mich immer später, deswegen zeichne ich das Lineart zunächst schwarz und sperre die transparenten Pixel der Ebene 🔲. So kann ich sie ganz einfach einfärben, wenn ich mich für einen Farbraum entschieden habe. Meistens mache ich das jedoch erst ganz am Schluss, damit die Farbe der Linien wirklich zum Rest des Bildes passt.

Als Nächstes kannst du anfangen, deine Haut- und Haarflächen einzufärben. Benutze dafür den Fülleimer und stelle ihn auf **Auf Alle Ebenen beziehen**. Damit verteilst du sehr schnell eine Grundfarbe.

Danach füge ich nicht relevante Details, wie hier der Haarschmuck, auf einer neuen Ebene ein. Achte darauf, dass diese Ebene ganz oben in deiner Ebenen-Ansicht liegt, da sonst Linearts über deinen Details liegen könnten. Für diese Blumen habe ich übrigens gratis und frei nutzbare Stempel aus dem Clip Studio Office von Clip Studio Assets genommen.

Als Nächstes kamen noch Schatten für die Haut hinzu. Hierfür erstellst du eine neue Ebene und stellst sie in den Ebeneneigenschaften auf **Multiplizieren** und **auf Ebene darunter beziehen**. Lege sie nun über die Ebene **Haut** und setze deine Schatten.

Mit Details wie Augen verfahre ich ähnlich. Lege eine Ebene an, auf der du die Farbe der Augen festlegst, und stelle sie auf **Transparente Pixel sperren**. So kannst du wie in diesem Beispiel mit dem Airbrush-Tool deine Kanten in einer dunkleren Farbe abfahren und hast ohne viel Aufwand eine Tiefe in den Augen. Im Finish bekommen sie noch Glanzpunkte und beginnen dadurch zu leuchten.

Nachdem du dich um die Flächen gekümmert hast, lege einen neuen Ordner **Kleidung** an. Jeder Stoff bekommt jetzt zwei neue Ebenen.

Auf der ersten Ebene wird der Kragen mit einer beliebigen Farbe gefüllt, sie muss nicht zu deinem Farbschema passen.

Wähle jetzt ein Muster oder eine Textur aus den Materialien aus und ziehe sie via Drag&Drop auf dein Bild. Es entsteht automatisch eine leinwandfüllende Ebene.

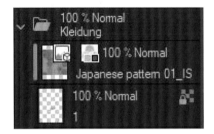

Ziehe die Ebene nach unten direkt über deine zuvor eingefärbte Ebene und wähle **Schnittmaske zur Ebene darunter**. Jetzt hast du das Muster nur noch auf der zuvor eingefärbten Fläche.

Diesen Vorgang wiederholst du, bis du alle Flächen ausgefüllt hast, auf die du Texturen anwenden willst.

Anschließend kannst du die einzelnen Ebenen noch anpassen.

Achte darauf, dass du deine Veränderung auf die Musterebenen und nicht die Platzhalter-Ebenen anwendest. Eine Farbanpassung wird nur auf der Musterebene sichtbar.

Diese Farbanpassung kannst du über die Schaltfläche **Ebenenfarbe ändern** erreichen. Es öffnet sich eine Schaltfläche, auf der du mit einem Klick auf den Fülleimer hinter der Farbvorschau deine aktuelle Primär- und Sekundärfarbe einfüllen kannst.

Sollten hier nicht die Farben deiner Wahl zu finden sein, kannst du auch direkt auf die Balken klicken und dort im Sub-Tool **Farbeinstellung** deine Farben selbst zusammenstellen.

Außerdem kannst du mit einem Zug an den punktierten Ecken des Vierecks die Ansicht deiner Muster vergrößern oder verkleinern und den Winkel verändern.

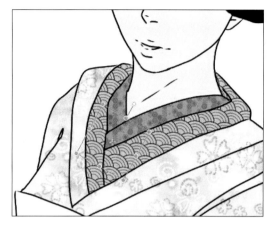

Unten siehst du jetzt, wie sehr du die Muster verändern und anpassen kannst, um ein für dich passendes, harmonisches Bild zu gestalten.

Sind alle Einstellungen so, wie sie dir gefallen, kannst du jetzt noch Schatten hinzufügen. Dafür musst du nicht jede Ebene einzeln schattieren. Erstelle einfach eine neue Ebene, setze sie auf **Multiplizieren** und ziehe sie über deinen Ordner **Kleidung**.

Da in einem Ordner alle Ebenen als zusammenhängend betrachtet werden, kannst du nun deine Schatten-Ebene als Schnittmaske zur Ebene darunter erstellen und der Ordner agiert als deine *Schnittebene* und bezieht sich auf alle in ihm enthaltenen Ebenen.

Die Ebene ist monochrom. Ändere ihre Einstellung über **Ebenenfarbe ändern** und passe sie der Farbe deines Bildes an.

Das Gleiche machst du mit dem Himmel. Benutze eine Maske auf der Ebene, um den Himmel wirklich nur im oberen Bereich anzuzeigen, und füge Schattenflächen in dein Haus ein. Es muss nicht ordentlich oder korrekt sein, wenn du wie in diesem Beispiel eine stilisierte Darstellung anstrebst.

Für ein Finish kannst du noch eine Textur, einen Verlauf oder ein Muster über das ganze Bild legen und in deiner Ebenenleiste zuoberst eine Ebene für die Highlights erstellen. Hier kannst du noch etwas Glitzer und Glanz hinzufügen, und schon ist dein Bild fertig.

Jetzt fehlt nur noch der Hintergrund. Auch hier kannst du im Material unter **Background** sehr viel finden. Ich habe mich für ein Haus entschieden.

Deinen Hintergrund ziehst du wieder mit Drag&Drop auf dein Bild und schiebst ihn in den Ebenen ganz nach unten.

Kolorieren ohne Outlines

Beim Kolorieren ohne Outlines kommen wir der klassischen Malerei vermutlich am nächsten. Jedoch bietet dir die digitale Komponente einiges an Vereinfachungen.

Anders als beim klassischen Gemälde verschwindet deine Skizze nicht nach der ersten Schicht Farbe ins Nirwana und auch bei der Planung deines Bildes musst du dich nicht strikt auf die klassische Technik, vom Hintergrund zum Vordergrund zu arbeiten, festlegen.

Auch beim Kolorieren ohne Outlines beginnst du ganz normal mit einer Skizze.

Im Gegensatz zur Malerei musst du hier nicht schon festlegen, mit welchen Farben du weitermachst, sondern kannst ganz entspannt mit den Grundfarben deines Hauptbestandteils anfangen. In meinen Fall ist es mein Freund, der Baum.

Anders als bei den durch Linearts dominierten Bildern bleibt hier die Skizze als oberste Ebene bestehen, während du mit deinen Grundfarben die Konturen des Baums modellierst. Gerade bei so vermeintlich einfachen Dingen wie einem Baum solltest du in die Konturen und die Bewegung viel Zeit und Gedanken investieren, damit dein Bild trotz der Schlichtheit des Bildthemas spannend bleibt.

Gerade die Natur bietet dir wundervolle Vorlagen und Referenzen. Kein Baum und keine Blume sind identisch mit anderen, jede ist einzigartig und in diese Einzigartigkeit solltest du dein Denken investieren. Was macht deinen Baum einzigartig?

Du kannst beim Arbeiten immer wieder deine Skizze ausblenden, um zu sehen, ob deine Konturen schon spannend genug sind, um allein für sich zu stehen.

Du solltest die Skizze jedoch nur ausblenden und nicht löschen, da du sie vielleicht bis zum Schluss noch einmal brauchen kannst. Sie zeigt dir, wo du etwa noch mehr Licht und Schatten brauchst, denn die Tiefe in deinem Outline-losen Bild erreichst du mit einer starken Differenzierung von Licht und Schatten.

Erstelle für die Schattierung des Baums eine neue Ebene und beginne zunächst mit dem Stamm.

Überlege dir, von wo das Licht kommen soll und ob es kräftig oder eher diffus ist. Wie soll es deinen Baum beleuchten? Stell dir richtig vor, wie du auf der Wiese stehst.

Wähle deine Farben aus dem gleichen Farbraum wie den Grundton. Die dunkleren Töne dürfen etwas mehr Rot und die hellen Töne etwas mehr Grün enthalten, so wirkt der Stamm strahlend.

Für die Baumkrone brauchst du zwei Ebenen. Eine, die unter der Ebene für den Stamm liegt, und eine, die darüber liegt. So kannst du deine Schatten im Baum großflächig im Hintergrund verteilen und die Lichter auf der oberen Ebene können Teile des Stamms und der Äste überlappen und damit mehr Tiefe erzeugen.

Auch bei der Farbe der Blätter gilt: Der ganze Farbraum steht dir offen. Wenn du unsicher bist, kannst du erst mal mit einfachen Kombinationen experimentieren.

Im Beispiel habe ich für die Schatten in der Baumkrone ein mehr bläuliches Grün verwendet und für die Lichter ein sehr starkes Gelb-Grün. Damit schaffst du einen guten Kontrast der einzelnen Farbebenen und dein Baum leuchtet richtig im Sonnenlicht.

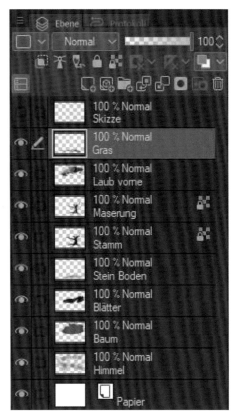

Am Schluss fügst du auf die gleiche Art und Weise noch Himmel und Erde ein. Denke dabei daran: Was im Bild im Vordergrund sein soll, muss in deinem Ebenenfenster weiter oben liegen. So ist bei mir die erste Ebene nach der Skizze das Gras, weil es die Wurzeln und die Erde verdeckt, und die letzte der Himmel, der von allem anderen verdeckt wird.

▲ Ansicht der einzelnen Ebenenbestandteile

6.6   Ein Projekt von A bis Z

Nachdem wir uns nun so viele Grundlagen gemeinsam
angesehen haben, wird es Zeit, diese auch einmal in einem
gesamten Projekt von Anfang bis Ende anzusehen. Wenn
du die Schritte an meinem Beispielbild nachvollziehen
willst, kannst du dem QR-Code folgen. Dort findest du die
Skizzendatei und kannst es selbst ausprobieren.

https://mitp.de/0245

Die Idee zu meinem Dornenprinzen geistert mir jetzt schon eine ganze Weile im Kopf herum. Ich habe ihn auch schon einmal als Aquarell und einmal als Buntstiftvariante gezeichnet, doch so richtig zufrieden bin ich noch nicht. Deswegen versuchen wir in diesem Abschnitt, gemeinsam den Weg zu einer fertigen Illustration zu finden.

Du kannst dir die Skizze zum Dornenprinzen unter dem QR-Code herunterladen und alle Schritte an ihm ausprobieren, bevor du dich auf deine eigenen Ideen stürzt, oder du beginnst gleich mit deiner eigenen Skizze.

Entwurf und Lineart

Wie bei jedem Bild beginnen wir mit einer Idee. Das Bild ist im Kopf immer besonders stark, aber schwer greifbar, denn es hat für dich starke Emotionen, die du nun versuchen musst, in Bildinhalte umzusetzen, damit andere sie auch verstehen.

Bevor ich richtig anfange, kläre ich für mich immer zuerst die Bildaufteilung. Ich denke meist eher wie ein Regisseur und überlege, welche Aussage welches Format (Hoch- oder Querformat, Bildgröße usw.) hat und wie mein Prinz gut zur Geltung kommt.

Die Stimmung ist am Anfang besonders wichtig. Für den Dornenprinzen ist die Stimmung eher düster und melancholisch. Er soll herrschaftlich aussehen, aber auch verloren und einsam. Der zentrale Blickpunkt soll das fehlende Herz in seiner Brust sein.

Ich wähle ein klassisches Hochformat und teile das Bild in Anlehnung an die alten Meister der Renaissance mit einem umgedrehten Kreuz auf. Die Fibonacci-Spirale, wie schon im Abschnitt 6.2 unter »Die Drittelregel oder der Goldene Schnitt« gezeigt, wird sich im unteren Teil des Bildes wiederfinden. Der Rest des Bildes muss dagegen möglichst ruhig bleiben.

 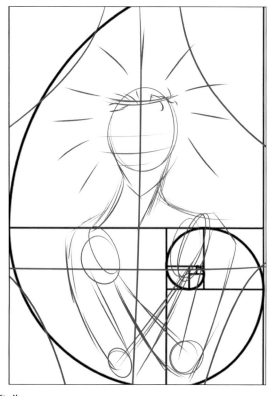

▲ Bildaufteilung

Als Nächstes versuche ich, mit losen Linien eine erste grobe Skizze aus meiner Idee zu entwickeln.

Hierbei zeichne ich am liebsten mit dem Tool **Dunkler Bleistift** und einem hellen Cyan. Das kommt daher, dass ich früher viele Entwürfe und Skizzen auf Papier vorbereitet und auch das Lineart auf Papier erledigt habe. Jedoch zeichne ich mittlerweile fast ausschließlich digital, sodass sich nur noch die Farbe des Vorzeichnens erhalten hat. Diese Farbwahl musst du nicht einhalten.

Stell die Deckkraft deiner Entwurfsebene etwas schwächer ein, damit du sie zwar noch siehst, sie dich beim Zeichnen der Skizze aber nicht zu sehr stört. Zu viele Linien können sehr irritierend wirken. Ich empfehle dir eine Deckkraft von 30 bis 50%.

Wenn du mit deiner Skizze zufrieden bist, kannst du beginnen, sie zu linen. Ich habe mich für graue Linien und eine nicht zu

saubere Linienführung entschieden. Die Linien sind an manchen Stellen verjüngt und an anderen verbreitert, um sie lebendiger wirken zu lassen.

Außerdem habe ich mich dazu entschieden, nur meine Hauptfigur im Bild zu linen. Den Hintergrund will ich rein aus der Farbe heraus entstehen lassen. Er soll später auch nicht zu deutlich werden.

▲ Grundlinien und ausgearbeitete Skizze

▲ Lineart

Farbschema und Hintergrund

Der nächste Gedanke geht an die Farbgestaltung. Wie schon in Abschnitt 6.5
erwähnt, hat man viele Möglichkeiten, auf
seine Farbpalette zu kommen, wenn man
noch keine Farbgebung im Kopf hat. Und
selbst wenn du schon eine Idee hast, ist es
immer gut, noch ein, zwei Varianten mehr
auszuprobieren, um dich wirklich entscheiden zu können. Ich habe dafür mit verschiedenen Kontraststufen und Farbsättigung
experimentiert.

Die Entscheidung über eine Farbskiz-
ze solltest du dir nie zu leicht machen,
schließlich transportiert die Farbe
einen großen Teil der Emotionen, die
du deinem Betrachter vermittelst.

Wenn du dich für eine Farbpalette entschieden hast, speichere sie, wie es für dich am angenehmsten ist. Für einzelne Bilder erstelle ich mir eine neue Ebene mit den passenden Farbklecksen darauf.

Damit kann ich später ganz einfach immer wieder zu meiner Grundauswahl der Farben zurückkommen und diese mit der Pipette aufnehmen. Dieser Trick ist sehr hilfreich, wenn man viel mit Weichzeichnen und Verwischen arbeitet. Denn die Farben verändern sich bei der Wischtechnik leicht und trüben dadurch ein. Mit den Originalfarben auf einer Extra-Ebene kann dir das nicht passieren.

Als Nächstes wechsle ich auf die Ebene Lineart und wähle mit dem Zauberstab alle Flächen an, die Hintergrund sein sollen. Danach klicke ich in der Leiste unter dem Bild auf Auswahl umkehren. Jetzt erstelle ich eine neue Ebene mit der Grundfarbe meines Prinzen (1) und darunter eine Ebene mit der groben Einteilung des Hintergrunds (2).

▲ Farbpalette

▲ Grundfarbe für den Prinzen (links), Grundfarben für den Hintergrund und die Dornen (rechts)

Lass uns beim Hintergrund bleiben und die grobe Aufteilung der Farben jetzt ein bisschen verfeinern, indem du mit dem Weichzeichnen-Tool oder dem Verblenden-Tool die Kanten der einzelnen Farben etwas nachgehst.

Mit den Tool Fingerspitze kannst du dann anfangen, die schattenhaften Ranken im Hintergrund mit Dornen zu versehen. Die Dornen sollen dabei gar nicht scharf umrissen sein, um einen klaren Fokus auf der Figur im Vordergrund zu behalten. Dafür ist eine hohe Einstellung der Härtestufe wichtig, wie du in den Sub-Tooleigenschaften links sehen kannst. Auch die Pinselgröße darf ruhig wesentlich größer als die Zeichenpinsel gewählt werden.

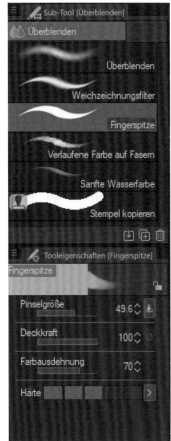

▲ Fingerspitze mit hoher Pinselgröße und maximaler Deckkraft

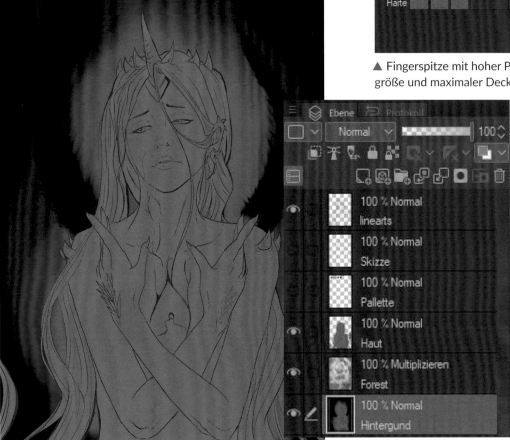

▲ Ebene *Haut* separat für den gesamten Vordergrund

Danach fügst du aus deiner Materialsammlung die Textur Forrest ein und schiebst sie zwischen den Hintergrund und deine Figur, um dem Hintergrund noch mehr Tiefe und Stimmung zu verleihen.

Setze die Ebene auf Multiplizieren und der Hintergrund erhält diese Textur.

Nun ist die Textur überall auf der Fläche zu sehen. Um einen Teil des Bildes davon auszunehmen, wähle aus dem Bereich Dekoration unter dem Reiter Schraffur die Pinselspitze Reibung und bei deinen Farbfeldern die transparenten Pixel.

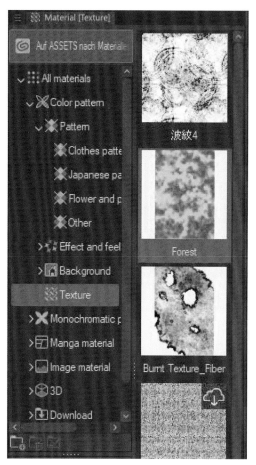

▲ Texturenauswahl

Nun kannst du den Pinsel wie einen Radiergummi einsetzen und die Stellen um den Kopf und die Schultern wieder frei radieren. So erhältst du einen schönen Schein und zusätzlich noch etwas mehr Tiefe in deiner Textur.

Tipp

Denk immer daran, zwischenzuspeichern. Du ärgerst dich unheimlich, wenn du ein Bild, das du gerade fertiggestellt hast, speichern willst, und in dem Moment der PC abstürzt.

▲ Texturen in der Anwendung

Wenn du mit dem Hintergrund erst mal zufrieden bist, kannst du dich nun wieder um den Prinzen kümmern.

Zunächst verleihe ich der Haut an ausgewählten Stellen etwas mehr Textur, indem ich mit dem Airbrush-Tool und Spritzern Sommersprossen einfüge. Das ist mein persönlicher Geschmack und muss nicht zwingend umgesetzt werden.

Danach erstellst du eine Ebene **Schatten**, die du wieder mit einer Schnittmaske an die darunter liegende Ebene anbindest. Das machst du auch mit allen nachfolgenden Ebenen. Sie beziehen sich immer auf die Ebene **Haut**.

Wenn du nun deine Schatten einträgst, bleibst du nur in den auf der Ebene **Haut** eingefärbten Bereichen.

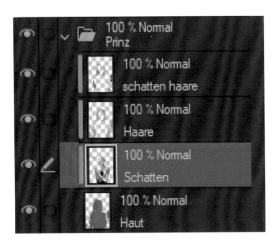

Wähle nun das Tool **Auswahlstift** und male damit deine Schatten in dein Bild. So wie im Bild oben links zu sehen, ist jetzt der Bereich markiert, in dem du die Schatten einzeichnest.

Die Schatten habe ich mit wenig Druck auf den Stift und einem stark in der Pinseldichte reduzierten Airbush-Tool gezeichnet.

Die Schatten werden so an allen Kanten erst mal sehr scharf.

Wenn du alle Schatten eingetragen hast, kannst du die Auswahl beenden und mit dem **Weichzeichnen**-Tool an den Kanten entlangfahren, die nicht hart werden sollen. Scharfe Schatten können ein schönes Stilmittel sein. Sie sollten jedoch nicht zu häufig in einer eher weichen Koloration angewendet werden, da sonst die Gefahr besteht, dass die Schatten aufgesetzt wirken.

Flächen, die komplett dunkel werden sollen, können auch einfach mit dem **Fülleimer** ausgefüllt werden. Das spart noch einmal Zeit.

Nachdem du alle Schatten hinzugefügt hast, könnte dein Ergebnis wie im Bild unten aussehen. Der dunkelste Punkt ist nun das Loch in der Brust und alle anderen Schattenflächen orientieren sich daran. Die Lichter sind noch nicht angelegt, aber man sieht durch den normalen Grundton, wo diese später eingesetzt werden sollen. Da Haare und Haut noch die gleiche Grundfarbe haben, macht es gar nichts, wenn an den Übergängen noch unsauber gearbeitet ist, da diese Stellen im nächsten Schritt sowieso übermalt werden.

Zur Sicherung deiner Haut-Ebenen solltest du diese Ebenen nun vorerst sperren, damit du nicht aus Versehen auf der falschen Ebene weiterzeichnest.

Haare einfach und effektvoll gestalten

Als Nächstes widmen wir uns den Haaren. Erstelle im selben Ordner, über den Schatten der Haut, eine Ebene Haare. Nutze dafür wieder die Schnittmasken-Funktion und den Fülleimer, um allen Haaren eine einheitliche Grundfarbe zu geben.

Auf der nächsten Seite siehst du die Koloration der Haare am Beispiel einer einzelnen Strähne.

Diese Art, Haare zu kolorieren, ist sehr simpel, aber auch sehr effektvoll.

Auch hier beginne ich wieder mit einer Ebene für die Grundfarbe der Haare. Diese befindet sich in der Ebenen-Liste über allen Haut-Ebenen und überdeckt somit alle Stellen, die zuvor unsauber über den Haaren bemalt worden sind.

Hier ist es jetzt wichtig, an den Rändern sauber zu arbeiten und danach die Schatten-Ebenen wie vorher bei der Haut auch mit Schnittmaske auf Ebenen darunter zu erstellen, damit alle Lichter und Schatten nur auf den Haaren sichtbar bleiben.

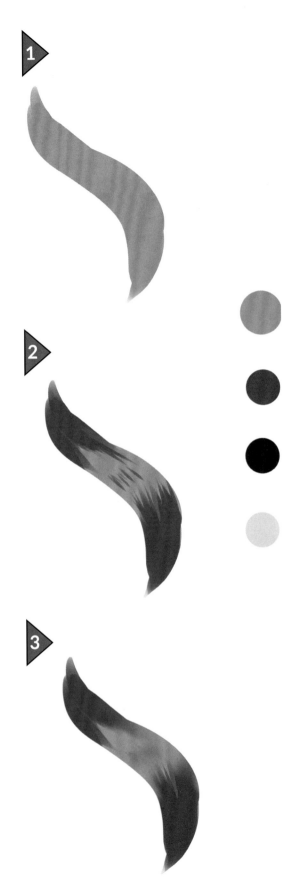

1. Wähle zuerst eine Grundfarbe für deine Haare. Im Beispiel habe ich mich für den gleichen Farbraum wie die Hautfarbe entschieden, nur mit einem helleren, zarten Fliederton, um die Figur besser vom sehr dunklen Hintergrund abzuheben.

2. Nutze danach einen dunkleren Farbton aus der gleichen Farbpalette, um die Schnittstellen zu anderen Strähnen dunkler einzufärben. Arbeite dabei vom Haaransatz in die Länge der Strähne und wiederhole das Vorgehen auch von der Spitze aus. Achte darauf, dass die beiden dunklen Bereiche sich nicht berühren und man dazwischen noch die Grundfarbe sieht.

3. Nutze als Nächstes das **Weichzeichnen**-Tool, um die Kanten abzuschwächen und so einen schwachen Glanz zu erzeugen. Du musst dabei noch nicht sauber arbeiten. Ein Wechsel zwischen harten Kanten und weichen Übergängen macht das Bild für den Betrachter lebendiger und spannender.

4. Wenn du mit dem Weichzeichner zufrieden bist, benutzt du das Tool **Fingerspitze**, um aus den dunklen und hellen Flächen die Farben etwas mehr in die jeweils andere Farbe zu schieben, sodass du zwar den weichen Farbverlauf hast, aber wie links zu sehen scharfe Kanten einzelne Haarbündel bilden.

5. Wähle danach einen noch dunkleren Farbton und wiederhole die vorherigen Arbeitsschritte. So bringst du nach und nach Tiefe in die einzelnen Haarsträhnen.

6. Zum Schluss kannst du mit Weiß oder einer helleren Farbe als dein Grundfarbton noch Lichtreflexe in die Strähnen einbauen und zum Rand der Frisur vielleicht auch einzelne Haare fliegen lassen, so wie unten gezeigt.

Halte dich bei den Haaren nicht zu stark an deinen Linearts fest. Du kannst mit Farbe immer ein paar einzelne Haare die Formation durchbrechen lassen. Dadurch wirken deine Haare lebendiger. Achte aber darauf, dass die Bewegungsrichtung die gleiche ist wie beim Lineart der Haarsträhne, sonst bekommen deine Haare einen Hermine-Granger-Look.

Details

Als Nächstes geht's an die Details. In welcher Reihenfolge du da vorgehst, ist ziemlich egal. Ich habe zunächst im Bauch und in der Brust des Prinzen die Höhle mit noch etwas mehr Tiefe ausgestattet und mit einem **Transparente Wasserfarbe**-Pinsel die Risse in der Brust und der Bauchhöhle verstärkt.

Danach habe ich die Linearts der Höhle entfernt, da sie mir nun zu unpassend erschienen. Du kannst alternativ natürlich auch die Linien nachträglich einfärben.

Im gleichen Zug habe ich auch noch den Schmuck und die Augen mit koloriert. Das können natürlich auch wieder alles einzelne Ebenen werden, aber wenn sich die Farben nicht weiter gegenseitig beeinflussen, kannst du auch alles unter dem Oberbegriff **Details** auf einer Ebene zusammenfassen.

Ich habe mich bei den Details im Übrigen nur an die Grundfarbe der Haare gehalten. Man könnte auch noch eine dritte Farbe dazunehmen, das hätte in diesem Fall aber meiner Stimmung geschadet, die wie ja zu Beginn festgelegt, ruhig und melancholisch sein soll. Eine weitere Farbe hätte also hier zu viel Unruhe reingebracht.

Anschließend haben die Dornen und das Gesicht noch einen Feinschliff bekommen. Auch hier empfehle ich dir, dich nicht in Details zu verlieren. Weniger ist manchmal mehr und ein grober Farbauftrag kann ein spannendes Stilmittel sein.

Kommen wir nun zum großen Finale. Als Letztes vervollständigst du das Bild mit Leuchteffekten. Dafür benötigst du eine neue Ebene, die du in den Ebeneneigenschaften auf **Lichtpunkte** einstellst. Hier gehst du mit einem hellen Grün-Weiß über die Stellen, die leuchten sollen. Dabei darf es ruhig etwas mehr Farbe sein. Verwende am besten wieder den sanften Airbrush.

Vergiss nicht die Stellen, die von dem Leuchten angestrahlt werden. Hier muss es ein bisschen weniger Farbe sein.

In der Brusthöhle ist es dagegen sehr dunkel. Auch da machen sich ein paar Farbspritzer in einem toxischen Grün gut.

Wenn du damit fertig bist, erstellst du eine Ebene, die noch über der Ebene **Linearts** liegt, und verstärkst den Effekt des Leuchtens noch einmal mit hellgrünen Linien. Diese dürfen dabei auch gerne das Lineart überdecken.

Denke jedoch dabei an unser Credo: Weniger ist mehr. Es sollten wirklich nur Highlights sein und sie dürfen auf keinen Fall das Bild dominieren.

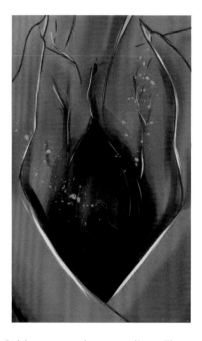

Zum Schluss setzt du unter diese Ebene noch eine Ebene mit **Hartes Licht** und nutzt das Airbrush-Tool, um den Rändern noch einen dunklen, grün-blauen Schein zu verpassen. Damit ist dein Projekt abgeschlossen.

▲ Detailansicht Leuchten der Augen

7
Comic

Comics kann man nicht mehr nur in gedruckter Form lesen. Mittlerweile gibt es eine immer größere Anzahl an Plattformen für Webcomics und viele Künstler veröffentlichen ihre Comics auch gerne, zunächst zur Probe, auf ihrer Homepage oder Social-Media-Profilen.

Lass uns zunächst einmal die Begrifflichkeiten *Comic* und *Manga* klären.

Comic ist der westliche Begriff für sequenzielle Bildgeschichten, der sich in eine Vielzahl von Stilen und längenspezifische Erzählstrukturen untergliedert.

Manga ist im Prinzip genau das Gleiche, nur dass der Begriff aus dem Japanischen stammt. Spricht also jemand vom *Manga-comic*, wäre das in unserer Sprache ein *COMICCOMIC*. Du wirst mir sicher zustimmen, dass dies eine unnötige Wortdopplung wäre.

Jedoch unterscheidet sich der Stil der asiatischen Zeichner von dem der westlichen Comic-Welt so massiv, dass er stilistisch gesehen eine eigene Gattung bildet.

Clip Studio Paint wurde in Japan entwickelt, also vormals für den asiatischen Markt produziert, und ist eher auf Mangaka und ihre Bedürfnisse als auf Comic-Zeichner zugeschnitten.

Da sich die Stile so sehr unterscheiden, werde ich also im Folgenden immer von beidem schreiben.

7.1 Dokumente für Comics/Manga einrichten _____

Einrichten von Comics und Manga für den Druck

Zum Einrichten eines Dokuments startest du Clip Studio Paint wie gewohnt und wählst Datei|Neu. Es öffnet sich ein Fenster, in dem du in der ersten Zeile bei Verwendung den zweiten Button Comic anklickst.

Im unteren Teil des Fensters erscheint nun eine Vielzahl an Einstellungsmöglichkeiten.

Unter Bildgröße kannst du die Größe deines Hefts einstellen. Eine gängige Größe, die auch bei den Druckereien preiswert zu produzieren ist, wäre zum Beispiel DIN A5.

Außerdem kannst du die Beschnittbreite einstellen. Diese sollte eigentlich immer umlaufend 3 mm betragen. Die Beschnittmarken werden dir, wie in der Vorschau rechts, unter der Größe mit blauen Markierungen auf jeder Seite angezeigt. Sie geben an, welche Bereiche später beim Druck wegfallen und wo du sicher zeichnen kannst. Der innere blaue Rahmen gibt dabei den Bereich für sicheren Text an. Der äußere Rahmen zeigt den Bereich, in dem Bildelemente stehen dürfen. Alles außerhalb wird weggeschnitten.

Auch die Auflösung kannst du hier einstellen. Diese solltest du abhängig von deinen Bildinhalten wählen.

Wichtig

Die Auflösung ist sehr wichtig, damit dein Comic/Manga nach dem Druck auch noch klar aussieht und die Linien scharf sind. Du kannst dir dafür folgende drei Punkte merken:

Monochrome Ausdrucksfarbe braucht die höchste Auflösung mit mindestens 1200 dpi.

Graustufen ohne Raster und Farbe brauchen eine Mindestauflösung von 300 dpi, ideal wären aber 600 dpi.

Willst du deinen Comic/Manga ausschließlich als digitale Version haben und nie drucken, reicht auch eine Auflösung von 96 dpi.

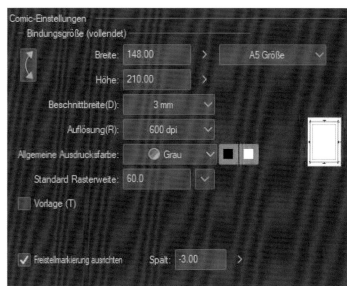

▶ Einstellungen für alle Seiten eines Projekts

Da ein Comic/Manga für gewöhnlich ja mehrere Seiten hat, kannst, du hier noch deinen Umfang der Seiten festlegen, wenn du die EX-Version nutzt. Keine Sorge, solltest du dich verschätzen, kannst du auch später noch jederzeit Seiten hinzufügen oder entfernen, indem du über den Reiter **Story** auf **Seite hinzufügen** oder **Seite löschen** klickst. Auch Seiten importieren oder duplizieren ist darüber möglich.

Hier kannst du jetzt auch entscheiden, welche Leserichtung dein Projekt haben soll. Nutze für einen westlichen Comic **Linksbündig** und für einen Manga **Rechtsbündig**.

Damit legt das Programm automatisch die Richtung fest, in der dein Projekt gelesen wird.

Auf der rechten Seite kannst du noch separate Einstellungen für das **Deckblatt** vornehmen.

Wenn deine Innenseiten zum Beispiel **Monochrom** eingestellt sind, kannst du hier separat einstellen, dass dein Cover dennoch farbig werden soll.

Außerdem kannst du die Bindung einstellen, das entscheidet nur darüber, ob du das Deckblatt und die Buchrückseite als eine Seite siehst und bearbeitest oder ob du sie getrennt erstellst.

In den **Storyinformationen** kannst du Metadaten hinterlegen. Diese werden jedoch erst wichtig, wenn du eine längere Reihe planst und nicht den Überblick verlieren willst oder wenn du an einer Anthologie mit mehreren Künstlern zusammenarbeitest.

Praktisch ist jedoch, dass du hier die Seitennummerierung aktivieren kannst. Diese kannst du später beim Export auch mit exportieren und weiterhin anzeigen lassen.

Für die Einstellung der **Seitenzahl** gibt es im unteren Bereich noch ein ganz eigenes Bedienfeld. Darin kannst du die Anzeige deiner Seitenzahlen völlig frei individualisieren.

Hast du alle Einstellungen getätigt, kannst du nun auf **OK** klicken. Bis sich die Seiten aufbauen, braucht es einen Moment.

Wenn du Clip Studio Paint EX hast, öffnet sich nun die Seitenübersicht, in der du die Seiten ganz bequem verwalten kannst. Meiner bescheidenen Meinung nach lohnt sich der Kauf der EX-Version schon allein wegen dieser Funktion. Sie ist so komfortabel!

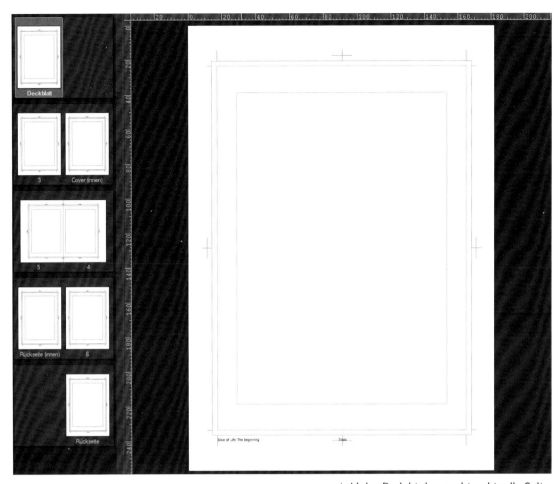

▲ Links: Projektplan, rechts: aktuelle Seite

Einrichten von Non-Print-Comics

Non-Print beschreibt das Marktsegment aller nicht gedruckten Comics/Manga. Hierbei sind die Anforderungen aber sehr unterschiedlich.

Wenn du nicht sicher bist, ob du deinen Comic/Manga jemals drucken lassen willst, empfehle ich dir, ihn immer erst einmal so anzulegen, als würdest du ihn drucken wollen.

Es gibt mittlerweile Comics und Manga auf dem Markt, bei denen man leider sieht, dass sie vom Künstler eigentlich nicht für den Druck vorgesehen waren. Dabei bemängele ich gar nicht die Qualität, die in den letzten Jahren einen gigantischen Sprung hingelegt hat, auch im Selfpublisher-Bereich.

Es geht hierbei um die Aufteilung der Panels, die für die Lesbarkeit auf Smartgeräten optimiert wurde, und im Print dann leider nur falsch aussehen. Deswegen plädiere ich dafür, dass du erst die Druckversion zeichnest, und dann später alles für Non-Print anpasst.

Wenn du einen Webcomic für Tapas, Webtoon oder Ähnliches vorbereitest, verlangen diese Seiten eine maximale Größe von 800 x 1280 Pixel. Daran kannst du dich orientieren, um dir eine Seitenvorlage zu bauen. In diese Vorlage kannst du dann deine Panels aus der Druckversion ziehen. Mehr dazu findest du in Abschnitt 7.4 »Ein Comic-Projekt von A bis Z«.

7.2 Comic- und Manga-Material

Panels

Die Kästchen, in denen du deine Geschichte erzählst, nennt man *Panels*. Sie steuern

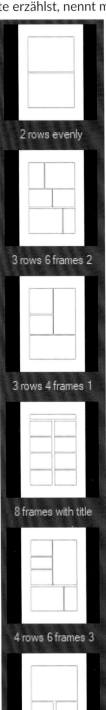

die Blickrichtung und helfen dem Leser, im Erzählfluss zu bleiben.

Clip Studio Paint hat darüber hinaus ein paar sehr praktische Funktionen, die mit den Panels verbunden sind.

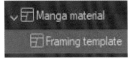

Vorgefertigte Panels findest du in deinem Materialordner unter **Frames**.

Die Panels kannst du per Drag&Drop einfach auf deine Arbeitsfläche ziehen.

Die Rahmen verankern sich automatisch an der inneren blauen Linie deiner Manga-Seite und in der Ebenen-Ansicht entsteht ein neuer Ordner, in dem jedes Panel seine eigene Ebene und eine Schnittmaske besitzt.

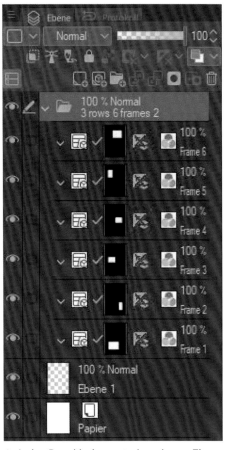

▲ Jedes Panel bekommt eine eigene Ebene.

Die Panels lassen sich im Nachgang noch auf verschiedene Weisen anpassen. Das zeige ich dir im nächsten Schritt.

Doch zunächst gibt es noch neben den vorgefertigten Panel-Vorlagen auch die Möglichkeit, deine Panels selbst zu gestalten.

Panels werden als Vektorebenen angelegt. Diese verlieren nicht ihre Schärfe, auch wenn man sie noch so oft verformt. Aber man muss sie anders behandeln als Pixelebenen. Mehr dazu findest du in Abschnitt 7.3.

Das Tool **Panelumriss** erlaubt es dir, deine Panels auch selbst zu erstellen. Ob du es mit klassischen Linien oder freihändigen Formen gestaltest, ist dabei ganz deiner Fantasie überlassen.

Im Sub-Tool-Fenster findest du drei verschiedene Tools, um deine Panels anzulegen.

In den Tooleigenschaften findest du alle Möglichkeiten, Größe, Farbe und Pinselform sowie das Anti-Aliasing festzulegen. Für scharfe Kanten empfehle ich dir jedoch, die härteste Stufe zu wählen.

Auch die Pinselform kannst du ändern. So bist du beispielsweise nicht auf die glatten Kanten des Pen-Tools beschränkt und könntest auch einmal auslaufende Wasserfarbe oder Tusche verwenden.

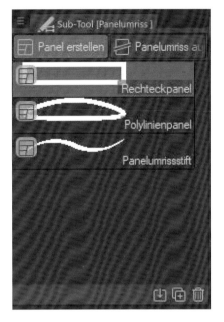

- Mit dem **Rechteckpanel** erstellst du, wie der Name schon sagt, rechteckige Panels, die du später in der Bearbeitung noch zu anderen Formen umgestalten kannst.

- Mit dem **Polylinienpanel** setzt du deine Ankerpunkte, an denen sich die Panels orientieren, ohne Angst haben zu müssen, dass deine Linien zu stark verwackeln.

- Der **Panelumriss-Stift** gibt dir alle künstlerischen Freiheiten, auch völlig freie Panel-Umrisse zu gestalten.

Vorgefertigte Panels anpassen

Wenn du dir eine Panel-Vorlage in deine Arbeitsfläche gezogen hast, wird diese in etwa so aussehen wie im Bild rechts.

Wählst du nun ein Panel entweder in der Ebenen-Liste oder auf deiner Arbeitsfläche aus, indem du mit dem **Objekt**-Tool darauf klickst, wird die Maske des Panels sichtbar und ein durchsichtiger hellblauer Schein legt sich über die gesamte restliche Arbeitsfläche.

Alles, was jetzt blau unterlegt ist, kann nicht bearbeitet werden.

Außerdem erscheinen zwei Rahmen. Der innere, rote Rahmen ist für die Verformung des einzelnen Panels unabhängig von den anderen umliegenden Panels verantwortlich. Der blaue Rahmen verformt, vergrößert und verkleinert das Panel in Abhängigkeit zu seinen Nachbar-Panels.

Außerdem gibt es die gelben Pfeile zwischen dem roten und blauen Rahmen, die das Panel bis zur nächsten Schnittkante erweitern oder, sollte kein anderes Panel in der Nähe sein, bis zum Blattrand.

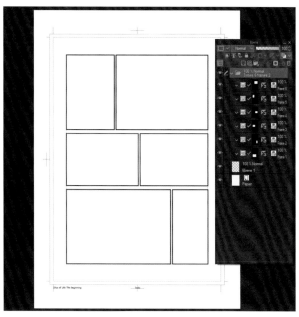

▲ Aufteilung der Panels im Bild und in der Ebenenliste

▲ Einstellungen für die Bearbeitung der Panels

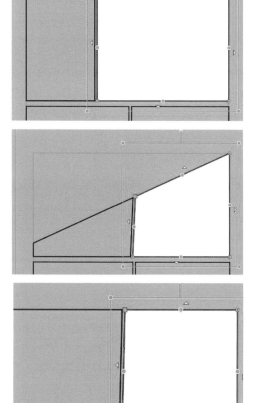

▲ Anpassung der Panels und ihrer Nachbar-Panels

Ein Panel teilen

Vielleicht merkst du beim Zeichnen deiner Seite, dass dir ein Panel fehlt. Das ist kein Problem, denn im zweiten Reiter **Panelumrisse** findest du das **Cutter-Tool**, mit dem du deine Panels unterteilen oder einen Teil davon abspalten kannst.

Mit dem Werkzeug **Panelordner aufteilen** erstellst du mit dem Zerteilen des Panels eine neue Ebene mit neuer Schnittmaske.

Wenn du das Werkzeug **Umriss aufteilen** wählst, bleibt das ursprüngliche Panel erhalten, teilt sich aber in die angegebenen Schnittmarken.

▲ Tool *Panelumriss aufteilen*

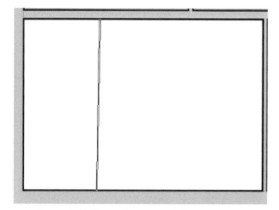

▲ Panel-Teilung ohne räumliche Trennung

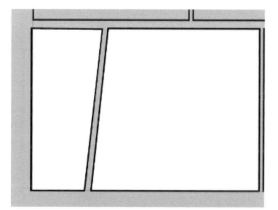

▲ Panel mit räumlicher Trennung dazwischen

Hierbei sind die Einstellungen in den Tooleigenschaften sehr wichtig.

Die Aufteilungsmethode gibt an, ob eine Ebene neu erstellt werden soll oder nicht.

Die **Gutter-Breite** gibt die Abstände zwischen den neu entstandenen Panels an. Sind diese nur durch einen dicken Strich getrennt, ist der Abstand zu gering gewählt und sollte mittels der Schieberegler vergrößert werden.

▲ Vertikaler Gutter und horizontaler Gutter geben die Abstände zwischen den Panels an.

Sprechblasen

Was wäre ein Comic ohne die Sprechblasen?

Zu Beginn der Manga- und Comic-Geschichte stand ein narrativer Text unter den einzelnen Panels oder es gab gar keinen Text. Auch heute gibt es Wettbewerbe wie den Silent Manga, der Zeichner dazu anhält, ihre Geschichte ausschließlich mit Bildern zu erzählen. Dies ist eine besondere Herausforderung, denn leichter und flüssiger erzählen wir Geschichten mittels Sprechblasen.

Hier gibt es auch wieder zwei Möglichkeiten: Zum einen kannst du vorgefertigte Sprechblasen aus deinem Materialordner unter **Balloon** nehmen.

Zum anderen hast du die Möglichkeit, deine Sprechblasen selbst zu erstellen. Verwende dafür das **Sprechblasen**-Tool in deiner Toolbar.

Im **Sprechblasen**-Tool befinden sich diverse Sprechblasen-Pinsel zur Erstellung von Ellipsen, Kurven oder frei geformten Sprechblasen.

Außerdem kann man zusätzlich noch Sprech- und Denkblasenfahnen einsetzen und muss nicht die Sprechblasen umständlich nachformen.

Auch die Sprechblasen sind wie die Panels vektorbasiert und immer nachbearbeitbar. Wenn du sie aus dem Material in deine Arbeitsfläche ziehst oder sie neu zeichnest, wird für sie automatisch eine neue Vektorebene erstellt. Diese verbindet sich danach mit der Schriftebene, die du für den Text erstellst.

▲ Einstellung für die Sprechblasen

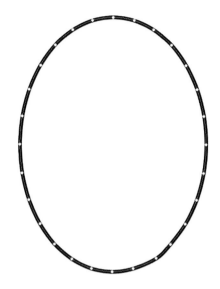

Wenn du deine Sprechblase mit dem **Objekt**-Tool anklickst, erscheint ein blaues Viereck zum Verformen darum herum. Die roten Linien auf der Umrandung deiner Sprechblase sind die Ankerpunkte, die du anklicken und verschieben kannst, um deine Sprechblase weiter zu verformen.

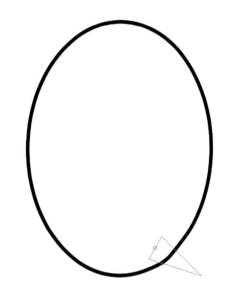

Mit dem Tool **Sprechblasenfahne** kannst du nun der Sprechblase eine Richtung geben. Zunächst siehst du nur die Schnittlinien. Wenn du die passende Größe für deine Fahne gefunden hast, machst du einen Doppelklick und deine Sprechblase hat eine Fahne.

Der Text

Die Textanwendung in Clip Studio Paint funktioniert im Prinzip genauso, wie du es von anderen Programmen kennst.

Das Programm greift auf im Rechner hinterlegte Schriftarten zurück und lädt diese automatisch in seine eigene Datenbank, sodass du diese nutzen kannst.

Die Schriftgestaltung hat sich in den letzten Jahren verbessert. Mittlerweile ist auch das Verformen des Textes über den Punkt **Modus** im Tooleigenschaften-Fenster möglich.

Verbindest du den Text nicht mit einer Sprechblase, wird eine neue Ebene erzeugt. Das passiert, wenn der Text ohne Sprechblase im Hintergrund auf der Arbeitsfläche geschrieben wird.

Wenn du den Text mit einer Sprechblase verbindest, wird der Text auf die Sprechblasen-Ebene geschrieben, und du kannst Sprechblase und Text zusammen bearbeiten.

▲ Text bearbeiten

▲ Tooleigenschaften der Schrift

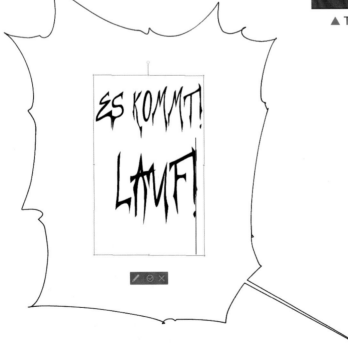

7.3 Monochrom versus Graustufen

Was sind Vektoren? Wofür sind Raster gut? Und warum sollte ich nicht alles in Graustufen schattieren? Oder kann ich das doch?

Viele gute Fragen, die ich dir nun endlich beantworten möchte.

Vektoren

Bevor wir zur spannenden Frage der Raster in Manga kommen, schauen wir uns das jetzt schon oft erwähnte Thema Vektoren an. Was sind Vektoren eigentlich genau und wie setzt man sie in Clip Studio richtig ein?

Eines vorweg: Vektoren sind kein Allheilmittel und kein Garant für perfekte Bilder. Sie können dir jedoch, richtig eingesetzt, das Leben als Zeichner stark vereinfachen und in Clip Studio Paint ist das so einfach wie sonst kaum in einem Programm.

Worin liegt der Vorteil von Vektoren?

Vektorlinien können beliebig skaliert werden, ohne einen Qualitätsverlust an der Schärfe der Linien zu erleiden. Pixellinien hingegen werden immer unschärfer, je mehr man sie vergrößert. Das liegt daran, dass Vektoren Schnittlinien mit Markern, sogenannten Ankerpunkten, sind. Über diese Ankerpunkte kannst du die Vektoren auch nachträglich bearbeiten.

Eine neue Vektorebene erstellst du im Ebenenfenster mit dem Klick auf dem Button **Neue Vektorebene**.

Das Besondere in Clips Studio Paint ist, dass du auf einer Vektorebene einfach mit den Zeichnen- oder Formwerkzeugen arbeiten kannst wie auf einer Pixelebene. Im Hintergrund legt das Programm bereits Ankerpunkte und Schnittmarken an.

Auf Vektorebenen darfst du deine Linearts nicht ausmalen. Jeder Strich, den du ziehst, wird als rote Schnittlinie in den Metadaten hinterlegt. Beim Ausmalen würdest du nur ein Schnittlinien-Chaos erzeugen.

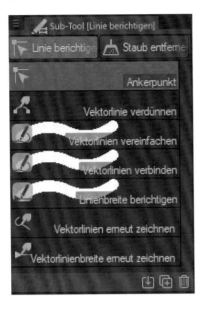 Mit dem Tool **Linie berichtigen** kannst du nach dem Erstellen deiner Vektorebene alle Vektoren darauf bearbeiten und verändern. Die Sub-Tool-Leiste dafür ist sehr umfangreich.

 Das Sub-Tool **Ankerpunkte** zeigt dir die Punkte auf deiner gezeichneten Linie an. Du kannst Punkte hinzufügen und entfernen.

Zusätzlich kannst du die Punkte durch Anklicken verschieben oder neue hinzufügen, um damit auch geschwungene Linien leichter nachstellen zu können.

Wie du unten sieht, kannst du so zum Beispiel einzelnen Haarsträhnen eine neue Richtung geben und sie in ihrer Bewegung verändern, ohne die Verbindung zu den anderen Strähnen zu lösen oder sie gar neu zu zeichnen zu müssen..

▲ Vor der Verschiebung

Hinweis

Es besteht die Möglichkeit, mit einem Rechtsklick auf die Miniaturansicht im Ebenenfenster und der Funktion zu Raster eine Vektorebene in eine normale Pixelebene umzuwandeln. Da Vektoren viel Speicherplatz benötigen, kann das sinnvoll sein. Aber Vorsicht: Hast du einmal auf Rastern geklickt, kannst du den Prozess nicht rückgängig machen. Was einmal zur Pixelebene umgewandelt wurde, kann keine Vektorebene mehr werden, denn die Metadaten gehen verloren.

◀ Während der Verschiebung der Strähne

 Mit dem Tool **Linienbreite berichtigen** kannst du Linien markieren und breiter oder schmaler machen, wie du es brauchst. Im Beispiel links habe ich **Breite vergrößern** gewählt und den betreffenden Vektor mit dem Tool markiert (grüne Linie). Da diese Linie mit der Kinnlinie verbunden ist, wird nun alles bearbeitet und verbreitert. Ob Linien verbunden sind, siehst du mit dem **Linie berichtigen**-Tool.

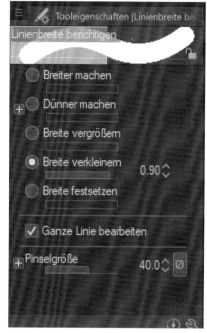

▲ Verschiedene Möglichkeiten, die Linien zu verändern

 Mithilfe von **Vektorlinien vereinfachen** können überflüssige Ankerpunkte entfernt werden und die Linie wird glatter dargestellt.

 Mit **Vektoren verbinden** kann man, wie links an der Kinnlinie zu sehen, zwei verschiedene Vektoren zu einem zusammenfassen. Dazu kannst du einfach mit dem Tool über die betreffenden Vektoren zeichnen. Sie werden automatisch verbunden.

 Mit dem etwas verwirrend bezeichneten Tool **Vektorlinien verdünnen** lassen sich einzelne Bereiche der Vektoren nehmen und verschieben. Dabei musst du in den Tooleigenschaften den Verschiebungsgrad einstellen. Je höher er ist, desto größer die Fläche des Vektors, die verschoben wird.

 Mit **Vektorlinien erneut zeichnen** kannst du eine Vektorlinie komplett löschen und noch einmal neu zeichnen.

 **Vektorlinienbreite erneut zeichnen** lässt dich im Nachhinein die Linienbreite eines Vektors dynamisch gestalten. Damit kannst du auch Linien verjüngen.

▲ Dynamisch verjüngte Vektorlinie

▶ Video-Tutorial auf Seite 210

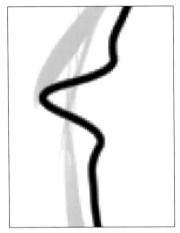

▲ Verschiebungsgrad klein (1)

▲ Verschiebungsgrad groß (5)

 Auch über **Bedienung|Objekt** kannst du die einzelnen Vektoren auswählen. Sie erscheinen als gestrichelte Linie in einem blauen Kästchen. Hierüber kannst du sie skalieren und drehen. Der wirklich spannende Teil der Funktion ist jedoch in den Sub-Tooleigenschaften zu finden.

Hier kannst du die Hauptfarbe der Linie mit einem Klick ändern, so wie du es im Beispiel unten siehst. Mit einem Klick wählst du den Vektor aus, den du verändern willst, und änderst dann in den Tooleigenschaften die Hauptfarbe.

Außerdem kannst du mit dem Schieberegler die Pinselgröße und die Pinselform des gesamten Vektors ändern. So kann aus der Pen-Linie ganz schnell auch eine Aquarell-Linie werden. Der einzige Unterschied zum Zeichnen auf einer Pixelebene ist, dass dir beim nachträglichen Bearbeiten des Vektors die Drucksensibilität des Stifts fehlt.

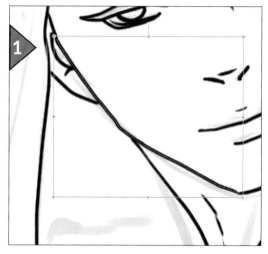

▲ Hauptfarbe der Kinnlinie ist Schwarz.

▲ Hauptfarbe der Kinnlinie ist eingefärbt.

Raster

Die Gestaltung mit Farbe oder eben auch Nicht-Farbe macht einen großen Teil des Stils eines Mangas aus. Wenn du an westliche Comics denkst, fallen dir wahrscheinlich die bunten Hefte für Kinder oder die kontrastreichen Erwachsenen-Comics ein. Denkst du jedoch an Manga, ist die Farbgestaltung meist ganz klar grau oder schwarz-weiß. Dennoch haben Manga in ihrer schlichten Farblosigkeit ihren ganz eigenen Charme.

Wie also schaffen es Mangaka, ihrer Leserschaft ohne Farbe dennoch spannend gezeichnete Geschichten zu präsentieren? Das liegt ganz klar am geschickten Einsatz scharfer Raster und von Tuschen, mit denen Graustufen erzeugt werden. Unter Raster verstehen wir hierbei ein wiederkehrendes Punkt- oder Linienmuster, so wie sogenannten *Noise*.

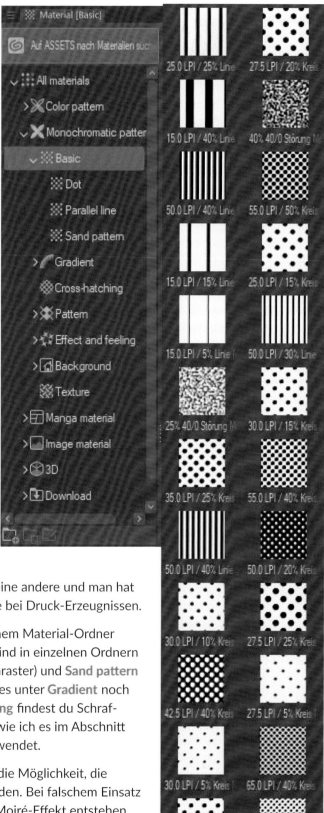

In diesem Abschnitt soll es nun um den Einsatz von Rastern in Manga gehen, die am Ende gedruckt werden sollen. Bei rein digitalen Manga-Projekten ist die Darstellung eine andere und man hat nicht die gleichen Probleme damit wie bei Druck-Erzeugnissen.

Die Raster-Vorlagen findest du in deinem Material-Ordner unter **Monochromatic pattern**. Dort sind in einzelnen Ordnern **Dot** (Punktraster), **Parallel Line** (Linienraster) und **Sand pattern** (Störraster) zu finden. Außerdem gibt es unter **Gradient** noch Verlaufsraster und unter **Cross-hatching** findest du Schraffuren. Raster werden dabei genauso, wie ich es im Abschnitt »Illustration« beschrieben habe, angewendet.

Die Auswahl ist groß und damit auch die Möglichkeit, die falschen Raster zusammen zu verwenden. Bei falschem Einsatz von Rastern kann der unerwünschte Moiré-Effekt entstehen.

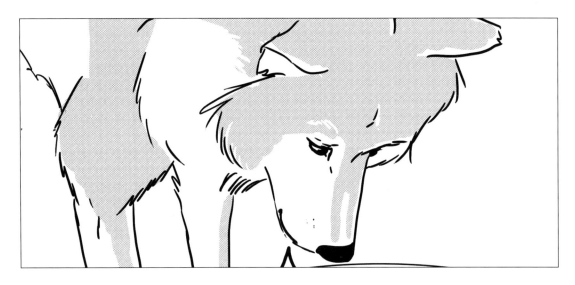

Der Moiré-Effekt

Das Wort *Moiré* stammt aus dem Französischen und bedeutet so viel wie marmorieren. Es beschreibt das Entstehen eines groben Rasters, das durch die Überlagerung von regelmäßigen feinen Rastern entsteht. Diese Interferenz sorgt dafür, dass dein Bild plötzlich keine zarte Schattierung, sondern grobe Muster aufweist. Es gilt, diesen Effekt tunlichst zu vermeiden.

Mögliche Ursachen des Moiré-Effektes sind:

- Eine Verdrehung übereinander gelegter Raster mit gleicher Teilung

- Eine ungleiche Aufteilung übereinander gelegter Raster (es reicht schon eine minimale Abweichung)

- Eine zusätzliche Drehung in ungleichen übereinander gelegten Rastern

Auch ungewollte Wechsel in der Größe der Raster können beim Betrachten stören. Mein Tipp ist deshalb, mach immer ein paar Probedrucke, bevor du mit deinen Arbeiten an die Öffentlichkeit gehst, und prüfe, ob deine Raser klar und kontinuierlich sind und außerdem keinen Versatz haben. Damit gibst du dem Moiré-Effekt keine Chance und deinen Lesern ein ungestörtes Leseerlebnis.

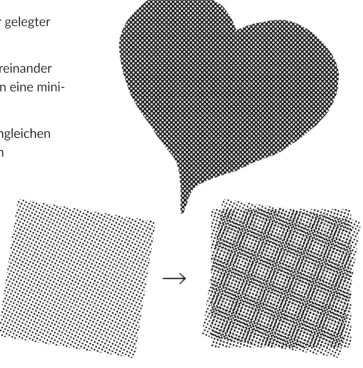

Um den Moiré-Effekt bei der Überlagerung von Rastern zu vermeiden, musst du die Zahl bei der Rasterweite und den Winkel des Rastermusters anpassen. Dies erreichst du wie folgt:

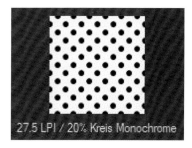

Nehmen wir als Beispiel das Raster 27.5 LPI/20% Monochrom aus der Material-Vorlage. Die Werte sind unveränderlich und müssen bei der Kombination zweier Raster beachtet werden.

Rasterweite (hier 27.5 LPI)

Je größer der Wert, desto kleinteiliger wird das Raster. Um beispielsweise menschliche Haut darzustellen, kannst du ein Kreis Monochrom-Material mit der Einstellung 60.0 Linien mit 10% Dichte verwenden. In Clip Studio Paint findest du Rastermaterialien bis zu 75.0 Linien. Wenn du noch ganz am Anfang mit dem Erproben von Rastern stehst, verwendest du besser 60.0 Linien und benutzt diese erst mal als Standardwert. Dichte (hier 20%)

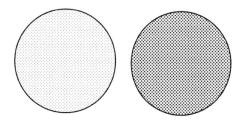

▲ Unterschiedliche Dichte bei gleicher Rasterweite

Je größer dieser Wert, desto größer wird jeder einzelne Rasterpunkt, wodurch das Muster dunkler erscheint. Dadurch können Raster zwar die gleiche Rasterweite haben, aber unterschiedlich hell oder dunkel wirken. Im oberen Beispiel haben beide Raster die Rasterweite 27.5 LPI. Das linke Raster hat allerdings eine niedrigere Dichte als das rechte. Raster, die du zusammen auf ein Bild aufbringen möchtest, sollten daher immer die gleiche Rasterweite haben, um den Moiré-Effekt zu vermeiden, es sei denn, du setzt diese Unterschiede als stilistisches Mittel ein, um beispielsweise Surrealität darzustellen.

Winkel

In den Anfangseinstellungen ist für alle Halbtonpunkt-Materialien der Winkel auf 45 Grad eingestellt. Diese lassen sich aber unter Ebeneneigenschaften ändern. Genauso wie die Erscheinungsform des Rastermusters.

Hinweis

Der Wert 60.0 Linien dient auch als Grundlage für gemusterte Raster und kann so beim Erstellen eines neuen Dokuments immer als Grundwert verwendet werden.

Graustufen

Neben den Musterrastern gibt es auch noch *Graustufenraster*, also Hintergrundbilder, die in Graustufen gezeichnet sind. Im Gegensatz zu den monochromen Rastern können sie Anti-Aliasing, das heißt, weiche Übergänge und Verläufe darstellen.

In Graustufen zu schattieren, vermischt die weiche, malerische Ästhetik von Farbe mit der besonderen Wirkung von grauen Farbtönen und ist damit ein Mittelweg zwischen Manga-Rastern und kolorierten Comics.

Welche Art der Licht- und Schattengestaltung du wählst, bleibt am Ende dir überlassen. Jede Technik hat ihren eigenen Reiz und Einfluss auf die Geschichte, die du zeichnest.

Im Beispiel hier auf dieser Doppelseite siehst du, wie sich der Einsatz unterschiedlicher Raster auf das Bild auswirkt. Der farbige Hintergrund links ist ein Farbraster, das zur Mitte mit der Hilfe von Masken und Ebeneneigenschaften in Graustufen konvertiert wurde. Die Raster ganz rechts sind ebenfalls auf diese Weise über die Einstellungen der Ebeneneigenschaften entstanden.

7.4 Ein Comicprojekt von A bis Z ___

Alles, was du bisher im Buch gelesen hast, hat dich jetzt zu
diesem Punkt geführt. Hier zeige ich dir, wie du deinen eigenen Comic/Manga planst, zeichnest und was du beim Druck
beachten musst.

Es würde den Rahmen dieses Buches sprengen, jetzt von meinem kreativen Prozess zu berichten, bevor ich einen Manga zu zeichnen beginne. Wir beginnen also damit, dass deine Story so weit steht und du eine ungefähre Ahnung hast, wie viele Seiten es werden sollen.

Öffne also ein neues Dokument in Clip Studio Paint und richte es wie in Abschnitt 7.1 »Dokumente für Comics einrichten« beschrieben ein.

Wenn du Clip Studio Paint EX hast, wird sich die Dokumentenverwaltung öffnen und du kannst beginnen.

Solltest du mit der Pro-Version arbeiten, hast du diesen Komfort nicht und musst jede Seite einzeln anlegen. Dafür kannst du aber die Grundeinstellung als Vorlage speichern, um dir ein bisschen Zeit zu sparen.

Ich empfehle dir, dein Storyboard direkt auf die Seiten zu zeichnen. Das erspart dir späteres Anpassen. Außerdem kannst du Texte direkt auf die Seite schreiben.

Dein Storyboard muss noch nicht klar ausgearbeitet sein. Geschmierte Skizzen, die nur du lesen kannst, reichen vollkommen.

◄ Storyboard im Überblick in der Dokumentenverwaltung (sorgt für bessere Planbarkeit der Panels und des Leseflusses)

Was ist ein Storyboard?

Ursprünglich kommen Storyboards aus der Filmindustrie und stellen eine erste visuelle Umsetzung eines Drehbuchs dar.

Umsetzung eines Drehbuchs dar.

Auch beim Comic ist die Planung der Seiten mit Szenenverlauf und Panel-Aufteilung sehr wichtig. Eine Comic-/Manga-Seite will genauso geplant werden wie eine Szene im Film. Daher verwenden wir im Comic/Manga das Storyboard, um Seitenaufbauten und Szenen zu planen. Dazu gehören:

- Panels
- Bildinhalte
- Bildausschnitte
- Freier Text
- Sprechblasen

Über diese Punkte wirst du dir im ersten Arbeitsschritt klar.

▼ Grobe Planung des Seitenaufbaus

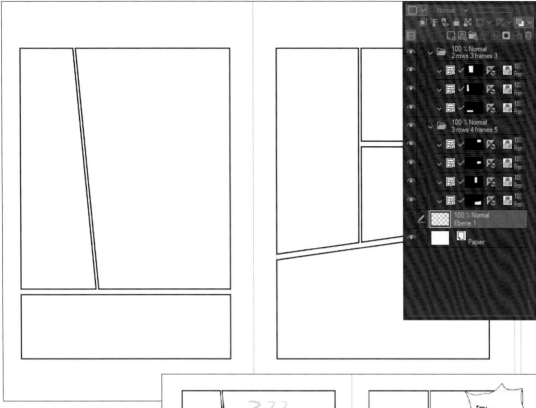

Seitenaufteilung

Wenn du alle Seiten
mit deinem Storyboard
durchgeplant hast, weißt
du auch schon genauer,
ob du mit deiner Einschät-
zung für die Seitenzahlen
hinkommst.

Hast du deine Planung
beendet, geht es ans
Zeichnen. Ich gehe dabei
immer so vor, dass ich nach dem Storyboard
gleich alle Seiten mit Panels und danach mit
Sprechblasen bestücke. So kann ich meiner
Geschichte besser folgen. Wenn du aber
mehr ein Typ Mensch bist, der Abwechslung
braucht, empfehle ich dir, jede Seite nacheinander fertig zu machen. Ich verwende dafür
gern eine Panel-Vorlage aus den Materialien,
die zumindest halbwegs passt, und lösche
Panels und füge neue hinzu, bis der Seiten-
aufbau meinem Plan entspricht.

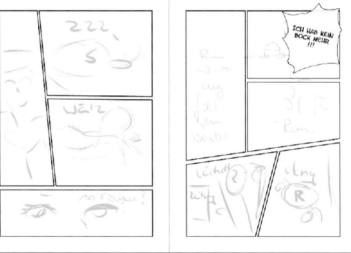

▲ Panels werden über die Skizzen gelegt.

Wenn du den Text einsetzt, musst du darauf
achten, an welcher Stelle du ihn in den
Ebenenfenstern einfügst. Alle Ebenen unter
einer der Panel-Vorlagen werden in der
Hierarchie darunter eingeordnet und somit
nur im gewählten Panel angezeigt. Dies
siehst du auf der nächsten Seite noch einmal
genauer.

Wenn du möchtest, dass deine Sprechblasen den Rahmen der Panels verlassen, musst du die Ebene außerhalb der Panel-Reihenfolge im Ebenenfenster platzieren. Anderenfalls fungiert die Panel-Ebene als Ordner, der alles ausblendet, was nicht innerhalb seiner Grenzen liegt.

Wie du siehst, habe ich im Beispiel oben die Ebene der Sprechblase oberhalb der Panels im Ebenenfenster angeordnet, deswegen kann die Sprechblase das Panel verdecken

und so über den Rahmen hinausragen, ohne ihn zu beschädigen. Die Sprechblase verdeckt lediglich den Rahmen.

Genauso verhält es sich auch bei allen weiteren Bildinhalten.

Bei der Sprechblase des »Rums« habe ich die Sprechblasenebene dem Panel direkt untergeordnet. Damit sieht man nur einen Ausschnitt der Sprechblase. Der Rest ist durch die Maske, die auf dem Panel liegt, verdeckt.

Du kannst du sehen, dass die Ebene der Sprechblase im Ebenenfenster unter der Panelebene eingerückt ist. Das bedeutet, dass die Ebene Sprechblase in der Rangordnung unter dem Panel steht. Das hat einen wichtigen Vorteil: Alles, was ich mit dem Panel mache, wie verschieben oder ausblenden, passiert automatisch auch mit der Sprechblase.

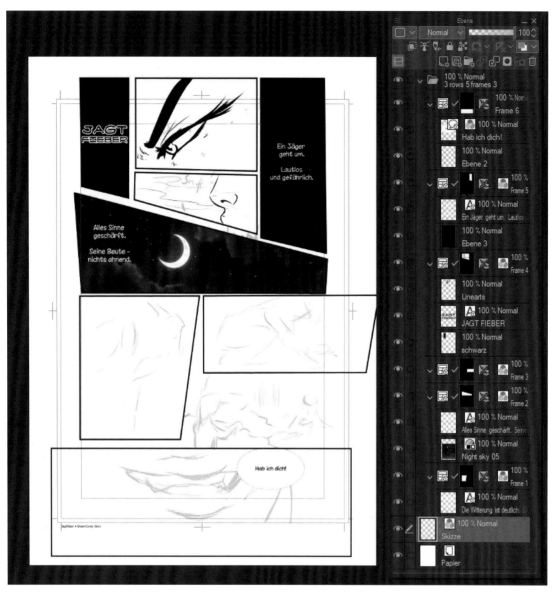

▲ Hierarchie unter den Panels

Nachdem ich alle Panels und Sprechblasen angelegt habe, zeichne ich die Linearts pro Panel, das heißt, nicht eine Lineart-Ebene für die ganze Seite, sondern eine Lineart-Ebene pro Panel.

Das mag am Anfang ein wenig umständlich und nach mehr Aufwand aussehen, jedoch hast du so in jedem Panel die maximale Kontrolle über deinen Inhalt, solltest du deinen Manga oder Comic später noch ein-mal aufteilen oder, wie zuvor schon erwähnt, in einen Webcomic umwandeln wollen.

So kannst du nämlich einfach das gesamte Panel inklusive aller Ebenen, die darunter eingeordnet sind, nehmen, verschieben und kopieren, ohne dass die Seiten verrutschen oder du immer wieder hin und her wechseln musst, um alles einzeln zu kopieren. Sieh dir zu dem Thema auch das Video hinter dem QR-Code an.

Video-Tutorial auf Seite 210.

Korrektur und Export

Irgendwann, wenn deine Freunde sich schon fragen, ob du noch lebst oder ob du vor dem Rechner versumpft bist und gar nicht mehr zum Vorschein kommst, wirst du es geschafft haben. Dein Manga ist fertig und in der Übersicht ist jede Seite bemalt. Du bist absolut stolz auf dich und das darfst du auch sein. Dein Manga ist fertig!

Doch halt, vielleicht solltest du ihn erst noch zum Korrekturlesen geben, und wenn deine Betaleser dir die Geschichte mit sämtlichen angestrichenen Rechtschreibfehlern zurückgeben, siehst du, dass da immer noch einiges zu tun ist.

Aber für die Korrektur gibt es noch ein tolles Tool. Du musst nicht sämtliche Seiten einzeln nach den Fehlern durchsuchen, denn in deinem Hauptmenü findest du unter **Story** im Drop-down-Menü **Text bearbeiten** (Abbildung rechts).

Hier kannst du den **Storyeditor öffnen** und deine gesamten Texte aller Seiten werden dir angezeigt. Diese kannst du nun direkt hier bearbeiten oder, wenn du etwas immer und immer wieder falsch geschrieben hast, kannst du es mit **Finden und ersetzen** einfach austauschen lassen.

Jetzt bist du bereit, dein Werk zu exportieren und als PDF zusammengefasst an die Druckerei deiner Wahl zu schicken. Lies dafür noch Kapitel 8 »Druckvorbereitung«.

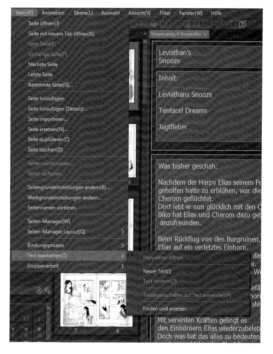

Achte beim Export darauf, dass alle Seiten ausgewählt sind und du **Doppelseiten separat exportieren** angehakt hast.

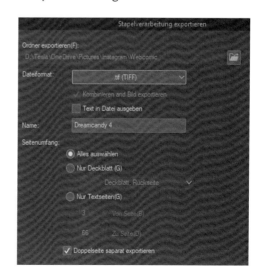

8

Druckvorbereitung und Veröffentlichung

Bist du am Ende mit deinem Bild oder deinem Comic/Manga zufrieden, willst du es sicher drucken und rahmen oder binden lassen. Doch damit dein schönes Bild am Ende auch ein schöner Druck wird, musst du am Anfang ein paar Dinge beachten.

8.1 Das Farbprofil

In früheren Kapiteln habe ich dir erklärt, dass Clip Studio Paint mit dem RGB-Farbraum arbeitet, diesen kann dein Drucker jedoch nicht wiedergeben, da der RGB-Farbraum durch Lichtmischung entsteht (wie bei einem Monitor) und dein Drucker entweder mit Tinte oder mit Tonerpulver arbeitet. Auch wenn du deine Bilder lieber bei einer Onlinedruckerei oder einer Druckerei bei dir im Ort drucken lässt, stehst du vor demselben Problem.

Um keine bösen Überraschungen im Druck zu erleben, hat Clip Studio Paint eine Farbprofil-Vorschau.

Klicke auf den Reiter Ansicht und wähle ganz unten Farbprofil und Vorschau Einstellungen.

Es öffnet sich ein Fenster, in dem du unter Profilvorschau dein passendes Farbprofil auswählen kannst. Die meisten Druckereien geben die Farbprofile ihrer Maschinen an. Bei großen Onlinedruckereien mit Subunternehmern kann es aber auch sein, dass nur ein Regionscode angegeben wird. Für den deutschsprachigen Raum passt ein Euroscale-Profil immer am besten.

Hast du dein Profil gewählt und mit OK bestätigt, kannst du nun noch einmal über Ansicht|Farbprofil gehen und mit einem Klick auf Vorschau dein Bild in CMYK anzeigen lassen.

Auch mit der Vorschau kann der Monitor nur das ungefähre Farbprofil wiedergeben. Probedrucke geben dir mehr Sicherheit.

◀ CMYK-Profil wählen

Sobald du mit deinem Bild zufrieden bist, kannst du es exportieren. Gehe dafür im Hauptmenü auf Datei|Exportieren. Jetzt kannst du ein Format für deine Datei auswählen. Achte hierbei darauf, dass du eines nimmst, das auch CMYK unterstützt. Formate, die sich für den Druck eignen, sind JPEG, PSD und TIFF.

Ich empfehle immer TIFF, dieses Format ist unkomprimiert und kann deine Bildqualität daher nicht verschlechtern. Sein Nachteil ist jedoch das Datenvolumen. Die Dateien werden sehr groß.

JPEG ist komprimiert, das kann bei einer geringeren Auflösung zu Farbfragmenten führen.

PSD kann nicht von jedem System gelesen werden, da es ein Adobe-Dateiformat ist und einige Druckereien lieber mit Coral arbeiten.

Für welches Format du dich auch entscheidest, achte bei den Export-Einstellungen darauf, dass du unter Farbe CMYK ausgewählt hast und bei ICC Profil einbetten ein Haken gesetzt ist.

Das gilt natürlich nur für Illustrationen. Pass also auf, dass du unten auch für Illustration ausgewählt hast.

Möchtest du Comics oder Manga exportieren, die schwarz-weiß oder in Graustufen gehalten sind, gelten andere Parameter. Schau dir dafür den Hinweis-Kasten in Abschnitt 7.1 »Dokumente für Comics/Manga einrichten« an und übernimm die zu deiner Arbeit passenden Einstellungen auch für den Druck.

Wenn du dein Bild oder deinen Comic exportiert hast, kannst du deine Drucksachen noch in PDFs umwandeln. Die meisten Onlinedruckereien

Es ist wichtig, das Bild zu exportieren, um das Farbprofil wirklich von RGB auf CMYK umzustellen. Wenn du dein Bild einfach nur speicherst, wird es vom Programm immer im RGB-Format gespeichert.

erwarten, dass du die Druckvorbereitung schon erledigt hast, und nehmen daher besonders mehrseitige Arbeiten nur als PDF an.

Als unerfahrener Zeichner solltest du dir zu Anfang auf jeden Fall den Profi-Check deiner Daten bei der Druckerei gönnen und plane genug Zeit ein. Nichts ist stressiger, als etwas kurz vor einer Convention in den Druck zu geben und zu hoffen, dass alles noch rechtzeitig ankommt.

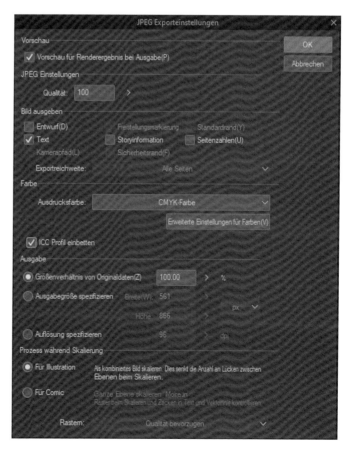

RGB – Rot, Grün und Blau – der additive Farbraum

Die additive Farbmischung entsteht durch das Hinzufügen weiterer Farbreize, die aus den Rezeptoren unserer Augen verarbeitet werden können. Hierbei werden die drei Grundfarben Rot, Grün und Blau in einer geeigneten Helligkeit übereinandergelegt und unser Auge nimmt dadurch die Farbe Weiß wahr. Mit diesem Mischsystem arbeiten unsere Fernseher und Monitore. Du kennst den Effekt vielleicht noch aus dem Physikunterricht in der Schule. Licht teilt sich in seine Farbbestandteile auf, wenn es durch ein Prisma geleitet wird. Dadurch erscheint ein Regenbogen auf der anderen Seite des Prismas.

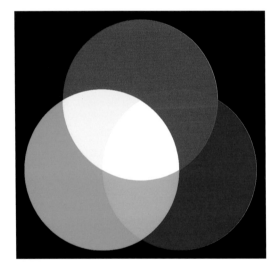

Aus diesen Systemen ergibt sich ein Problem: Alle digitalen Geräte arbeiten ausschließlich über die Ausgabe des RGB-Farbraums. Eine Ausnahme bilden professionelle Bildschirme, die CMYK-Farbräume nachbilden können.

Wenn du deine Arbeiten nur digital veröffentlichen möchtest, ist das auch völlig ausreichend. Für den Druck jedoch brauchst du den CMYK-Farbraum, so wie er rechts beschrieben ist.

CMYK – Cyan, Magenta, Yellow, Black – der subtraktive Farbraum

Die subtraktive Farbmischung wird auch physikalische Farbmischung genannt. Sie beschreibt das Entstehen der Farbwahrnehmung durch das Herausfiltern einzelner Farbanteile aus der Farbsumme. Ausgehend von der Grundfarbe Weiß werden durch den Einsatz von Filtern einzelne Farbanteile aus der Wirkung herausgenommen. Das In-Reihe-Schalten der Farbfilter Cyan, Magenta und Gelb bewirkt am Ende die Abwesenheit von Farbwirkungen und somit die Farbwirkung Schwarz.

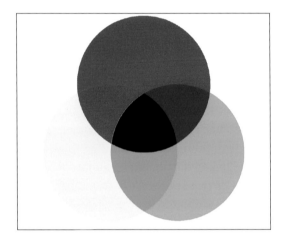

> **Nicht in jedem Fall ist es nötig, mit CMYK zu arbeiten. Willst du deine Bilder für Social Media benutzen oder in anderen Non-Print-Bereichen einsetzen, ist es schöner, sich des gesamten Lichtfarbraums von RGB zu bedienen, und vielleicht auch gezielt das Leuchten in deinen Arbeiten auszunutzen.**

8.2 Auflösung (DPI)

Die Auflösung wird in dpi, *dots per inch* (Punkte pro Inch), angegeben. Je höher die Auflösung, desto schärfer und klarer werden deine Bildinhalte im Druck.

Schon bei der Dateivorbereitung habe ich von der richtigen Wahl der Auflösung geschrieben, denn es ist wichtig, dass du dir schon vor dem Zeichnen überlegst, für welche Druckgröße ein Bild entstehen soll. Die Faustregel ist hierbei: Lieber ein Format zu groß als zu klein wählen, denn die dpi hängen von der Größe ab, in der du deine Datei angelegt hast. Möchtest du beispielsweise eine Postkarte drucken lassen, ist es einfacher, ein DIN-A4-Motiv zu schrumpfen, als ein DIN-A6-Motiv für ein DIN-A4-Poster zu vergrößern. Im Idealfall jedoch weißt du, wie groß dein Format sein soll, und arbeitest von Anfang an damit.

Als Standardauflösung für farbige Bilder wird bei einer Druckerei auf mindestens 300 dpi gesetzt. Für Schwarz-Weiß-Bilder mit Rastern (Manga) solltest du 1200 dpi verwenden, um bei den feinen Rastern scharfe Kanten im Druck zu erzielen.

Willst du deine Arbeiten nur digital präsentieren, auf Social-Media-Plattformen, deiner Homepage oder Webcomic-Seiten, reicht eine Auflösung von 96 oder 72 dpi, wobei 72 dpi eine veraltete Auflösung für frühere Monitore ist und es auf neueren Geräten zu einer unscharfen Darstellung kommen kann. Auf Flachbildschirmen und Handydisplays ist eine minimal höhere Auflösung (96 dpi) erforderlich.

Hinweis

Streng genommen sind diese Standardwerte nicht korrekt, da die meisten Hersteller sich nicht daran halten. So sind die meisten Auflösungen etwas höher als der Standardwert. Das führt dazu, dass die Darstellungen auf unterschiedlichen Monitoren unterschiedlich scharf sind. Um eine optimale Abdeckung der meisten Displaygrößen zu erhalten, nutze ich eine Auflösung von 120 dpi bei Non-Print-Arbeiten. Damit halte ich immer noch meine Dateigröße klein (für kurze Ladezeiten) und sorge dennoch für eine klare Bildwiedergabe auf den meisten Geräten.

DIN-Formate in Millimeter

DIN-Format	Größe in mm
A0	841x1189
A1	594x841
A2	420x594
A3	297x420
A4	210x297
A5	148x210
A6	105x148
A7	74x105
A8	52x74

Viele Druckereien bieten verschiedene Ausstattungen der Druck-Erzeugnisse an. Welche Variante für dich infrage kommt, ist wichtig zu wissen, damit du nicht unnötig Geld ausgibst. Grade bei gedruckten Comics und Manga kann der Unterschied schnell ein paar Euro pro Heft ausmachen. Das summiert sich natürlich auf.

Achte zunächst darauf, ob du farbig oder schwarz-weiß drucken willst. Wenn du vollfarbige Seiten dabeihaben möchtest, solltest du eine Druckerei wählen, die die Farbseiten einzeln berechnet.

Es gibt leider auch immer noch Druckereien, die nur entweder farbig oder schwarz-weiß zur Auswahl anbieten. Das wird im Preis für dich zum großen Nachteil, wenn die Farben sich auf nur wenige Seiten beschränken. Vergleiche daher in Vorfeld, welchen Leistungsumfang deine Wunschdruckerei hat, und lass dich beraten, wenn deine Wünsche nicht in einem vorgefertigten Leistungspaket enthalten sind. Meist lässt sich eine einfache Lösung finden.

Bei Comics mit nur einer Signalfarbe (z.B. Noir-Style) lohnt es sich, eine Druckform mit nur einer zusätzlichen Farbe zu wählen, falls dies angeboten wird.

Viele Druckereien bieten Umschläge und Innenseiten in voneinander unabhängigen Farbvarianten an oder dass nur einzelne Seiten in Farbe gedruckt werden. Frage deshalb auch bei Onlinedruckereien lieber noch mal telefonisch oder per Mail nach. Häufig leiten dich die Mitarbeiter dann sogar zielgenau zu der Druckvariante, die du brauchst, ohne dass du dich lange in den verschiedenen Optionen verläufst.

Die Farben pro Seite werden oft in einer bestimmten Weise angegeben. Die zu verstehen, kann dir auch helfen, Geld zu sparen. Hierbei bezieht sich immer die erste Zahl auf die Vorderseite und die zweite Zahl auf die Rückseite:

- 1/0 – Vorderseite einfarbig bedruckt, Rückseite unbedruckt
- 1/1 – Vorder- und Rückseite einfarbig bedruckt
- 2/1 – Vorderseite zweifarbig, Rückseite einfarbig
- 4/0 – Vorderseite vollfarbig, Rückseite unbedruckt

Zusätzlich können Sonderfarben und Lackbeschichtungen gewählt werden.

8.3 Beschnittrand

- Beschnittrand um das gesamte Dokument umlaufend 3 mm

- Endformat deines Dokuments

- Sicherheitsabstand ca. 10 mm vom Endformat nach innen

Wichtig

Texte und wichtige Bildelemente sollten immer 10 mm von Rand entfernt sein. Es ist extrem ärgerlich, wenn man mit seinem Text zu nah an den Rand rutscht und die Anfangsbuchstaben halb beschnitten sind, weil die Stapelverarbeitung der Druckerei nie hundertprozentig genau sein kann.

8.4 Zeitrafferaufnahmen

Seit Version 1.10.5 hat Clip Studio Paint nun auch eine Zeitrafferfunktion, mit der du den Verlauf deiner Arbeit als Video mit bis zu einer Minute Laufzeit speichern und exportieren kannst. Damit passen sich die Entwickler den Trends der sozialen Medien an, die weg vom Bild und hin zu kurzen 15 bis 60 Sekunden langen Videos gehen.

Um diese Funktion nutzen zu können, führe zunächst ein Update durch, falls du noch eine ältere Version des Programms verwendest.

Die Zeitrafferfunktion ist sowohl für alle sozialen Plattformen als auch alle Versionen verfügbar.

Wenn du nun ein neues Dokument auf gewohntem Weg öffnest, hast du ganz unten links eine neue Schaltfläche **Zeitraffer aufnehmen**, in die du einen Haken setzen kannst.

Es erscheint die Warnung, dass die Rohdaten dadurch erheblich größer werden und du die Funktion im Reiter **Datei** auch wieder deaktivieren kannst.

Hier kannst du unter dem Menüpunkt **Zeitraffer** auch zu jedem späteren Zeitpunkt die Mitschnitte stoppen und weiterlaufen lassen, wie du es möchtest.

Bist du am Ende zufrieden mit deiner Arbeit, kannst du auf **Zeitraffer exportieren** klicken. Es öffnet sich ein neues Kästchen, in dem du die Dauer der Aufnahme und die Auflösung sowie die Seitenverhältnisse des Videos einstellen kannst.

Währenddessen läuft die Vorschau zum Video immer weiter und kann nur durch die Pausetaste vor der Zeitleiste gestoppt werden.

Wenn du mit allem zufrieden bist, bestätige mit einem Klick auf den OK-Button und du wirst automatisch in deinen Explorer weitergeleitet, in dem du dann den Speicherort festlegen und dein Video benennen kannst.

Die Datei wird als .mp4 gespeichert und kann danach ohne weitere Anpassung auf jeder beliebigen Social-Media-Plattform hochgeladen werden.

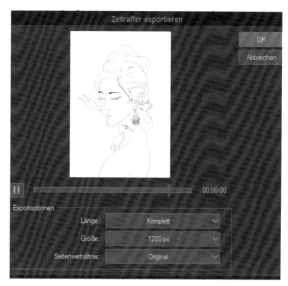

▲ Vorschaufenster

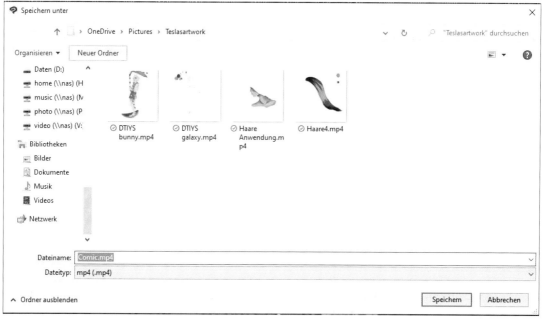

▲ Speicherort auswählen

Anhang 1: Shortcuts

Shortcuts bzw. Kurzbefehle auf der Tastatur können dir in Clip Studio Paint die Arbeit sehr erleichtern. Ich selber arbeite mit einer Handvoll. Aber auch hier gilt: Jeder Mensch ist anders. Deshalb habe ich dir hier eine Liste der voreingestellten Shortcuts erstellt.

Wenn dir das nicht genug ist oder du mit einigen Anschlägen nicht klarkommst, kannst du die Shortcuts aber auch individuell deinen Wünschen anpassen. Dies erreichst du unter **Datei**| **Tastaturbefehlseinstellung**.

Es öffnet sich ein Fenster, in dem du Tastaturbefehle bearbeiten, hinzufügen oder löschen kannst. Natürlich gibt es auch einen Button **Zurücksetzen**, mit dem du immer wieder alles auf Werkseinstellungen zurücksetzen kannst. Besonders nützlich ist, dass dies in verschiedenen Einstellungsebenen möglich ist. Somit kannst du in verschiedenen Unterkategorien eigene Tastenkombinationen für Kurzbefehle festlegen.

Datei	
Neu	[Ctrl]+[N]
Öffnen	[Ctrl]+[O]
Schließen	[Ctrl]+[W]
Speichern	[Ctrl]+[S]
Drucken	[Ctrl]+[P]
Präferenzen	[Ctrl]+[K]
Tastaturbefehlseinstellungen	[Ctrl]+[Shift]+[Alt]+[K]
Modifikatortasten-Einstellungen	[Ctrl]+[Shift]+[Alt]+[Y]
Clip Studio Paint schließen	[Ctrl]+[Q]

Bearbeiten	
Rückgängig	[Ctrl]+[Z]
Wiederholen	[Ctrl]+[Y] [Ctrl]+[Shift]+[Z]
Ausschneiden	[Ctrl]+[X] [F2]
Kopieren	[Ctrl]+[C] [F3]
Einfügen	[Ctrl]+[V] [F4]
In die angezeigte Position einfügen	[Ctrl]+[Shift]+[V]

Bearbeiten (Fortsetzung)	
Löschen	[Del]
	[BackSpace]
	[Ctrl]+[Del]
	[Ctrl]+[BackSpace]
Außerhalb von Auswahl löschen	[Shift]+[Del]
	[Shift]+[BackSpace]
Fläche füllen	[Alt]+[Del]
	[Alt]+[BackSpace]

Farbkorrektur	
Farbton/Sättigung/Luminanz	[Ctrl]+[U]
Farbumkehr	[Ctrl]+[I]

Transformieren	
Skalieren/ Drehen	[Ctrl]+[T]
Frei transformieren	[Ctrl][Shift]+[T]

Ebene	
Neue Rasterebene	[Ctrl]+[Shift]+[N]
Ordner erstellen und Ebene einfügen	[Ctrl]+[G]
Ordnergruppierung aufheben	[Ctrl]+[Shift]+[G]
Schnittmaske zur Ebene darunter	[Ctrl]+[Alt]+[G]
Mit unterer Ebene zusammenführen	[Ctrl]+[E]
Ausgewählte Ebenen kombinieren	[Shift]+[Alt]+[E]
Sichtbare Ebenen kombinieren	[Ctrl]+[Shift]+[E]

Bearbeitungsebene ändern	
Ebene darüber	[Alt]+[]]
Ebene darunter	[Alt]+[[]

Auswahl

Alles auswählen	[Ctrl]+[A]
Auswahl aufheben	[Ctrl]+[D]
Erneut auswählen	[Ctrl]+[Shift]+[D]
Ausgewählte Flächen umkehren	[Ctrl]+[Shift]+[I] [Shift]+[F7]

Ansicht

Linksherum drehen	[-]
Rechtsherum drehen	[^]
Einzoomen	[Ctrl]+[Num]+[+]
Auszoomen	[Ctrl]+[Num]+[-]
100%	[Ctrl]+[Alt]+[0]
An Bildschirm anpassen	[Ctrl]+[0]
Darstellung zurücksetzen	[Ctrl]+[@]
Lineal	[Ctrl]+[R]
An Lineal ausrichten	[Ctrl]+[1]
An Spezial-Lineal ausrichten	[Ctrl]+[2]
An Gitternetz ausrichten	[Ctrl]+[3]
Spezial-Lineal-Ausrichtung ändern	[Ctrl]+[4]

Hilfe

Training und Tutorials	[F1]

Tinte

Deckkraft verringern	[Ctrl]+[[]
Deckkraft erhöhen	[Ctrl]+[]]

Pinsel

Pinseldichte verringern	[Ctrl]+[Shift]+[O]
Pinseldichte erhöhen	[Ctrl]+[Shift]+[P]

Sprüheffekt	
Partikeldichte verringern	[Ctrl]+[Shift]+[K]
Partikeldichte erhöhen	[Ctrl]+[Shift]+[L]

Tools	
Zoom	[/]
Verlauf	[G]
Pen	[P]
Linie berichtigen	[Y]
Bleistift	[P]
Pinsel	[B]
Airbrushes	[B]
Radierer	[E]
Überblenden	[J]
Flächen füllen	[G]
Automatische Auswahl	[W]
Auswahl-Tool	[M]
Figur	[U]
Ebenen verschieben	[K]
Pipette	[I]
Dekoration	[B]
Text	[T]
Panelumriss	[U]
Lineal	[U]
Sprechblasen	[T]

Anhang 2: Video-Tutorials

Hier findest du eine Sammlung von QR-Codes, die dich zu kurzen Video-Tutorials bei Youtube führen, in denen ich dir einige Techniken aus dem Buch noch einmal vorstelle. So kannst du die einzelnen Arbeitsschritte ganz einfach nachvollziehen und für deine eigenen Projekte einsetzen.

Kapitel 4: Ebenen

Flächen füllen mit Referenzebenen
(Seite 49)

https://youtu.be/LFX09J1lmg8

Pixelebenen umfärben mit *Transparente Pixel sperren*
(Seite 50)

https://youtu.be/vmN0LM_8vxw

Arbeiten mit Ebenenmasken
(Seite 55)

https://youtu.be/72JXkcy5YVo

Kapitel 5: Werkzeuge

Schnelle Schatten mit dem *Airbrush*-Tool
(Seite 76)

https://youtu.be/JVelyU7cwVo

Farbe verwischen mit Blendwerkzeugen
(Seite 83)

https://youtu.be/uxM1UmbNN7I

Eigene Verläufe erstellen
(Seite 92)

https://youtu.be/hs2IqBzWKPk

Verlaufs-anwendung
(Seite 96)

https://youtu.be/Sst2MIOBfn8

Spiegelachsen erzeugen mit dem symmetrischen Lineal
(Seite 102)

https://youtu.be/slllqFo9uJc

Kapitel 6: Illustration ─────────────────────

**3D-Modelle verwenden
und Posen erstellen**
(Seite 119)

https://youtu.be/YvNrL-ojUbU

Kapitel 7: Comic ─────────────────────

**Vektorlinien
bearbeiten**
(Seite 180)

https://youtu.be/eBEhrFPnwKQ

**Comics erstellen und
mit Panels arbeiten**
(Seite 192)

https://youtu.be/Qw7L6i25BaU

Stichwortverzeichnis